W0192537

Reclam
LESEBUCH

Chinesische Weisheit

Übersetzt und herausgegeben
von
Günther Debon

Mit 23 Abbildungen

Philipp Reclam jun. Stuttgart

Universal-Bibliothek Nr. 40017
Alle Rechte vorbehalten
© 1993 Philipp Reclam jun. GmbH & Co., Stuttgart
Einbandgestaltung: Werner Rüb, Bietigheim-Bissingen
Gesamtherstellung: Wilhelm Röck, Weinsberg
Printed in Germany 1993
RECLAM und UNIVERSAL-BIBLIOTHEK sind eingetragene
Warenzeichen der Philipp Reclam jun. GmbH & Co., Stuttgart
ISBN 3-15-040017-1

Inhalt

Vorwort

Wer den Chinesen mit einem Beiwort bezeichnen will, wird am ehesten »weise« sagen. Ein alter Mann mit hochgewölbter Stirn und schütterem Bart wird ihm vor Augen stehen, Sätze von noch weiseren Männern aus uralter Zeit auf den Lippen.
Weise muß in der Tat eine Nation gewesen sein, die drei Jahrtausende lang ihr Volkstum, ihre Kultur und ihre Sprache samt der schönen Schrift bewahren konnte. Dabei sind die Weisheiten bei näherem Besehen recht unterschiedlich gewesen, haben einander befehdet, einander ergänzt oder befruchtet. Wir mußten dem durch streng getrennte Kapitel Rechnung tragen.

Da war zunächst der Konfuzianismus, der vom zweiten vorchristlichen bis in unser Jahrhundert hinein das Gesicht Chinas geprägt und seine Moral wie seine Politik bestimmt hat. Der Begründer dieser Philosophie, Kung fu-dse, »Meister Kung«, hatte um 500 v. Chr. (die traditionellen Daten sind Legende) als Ausbilder junger Adliger im kleinen Lehnsstaat Lu gewirkt. Er hatte die Regeln des guten Benehmens und rechten Regierens auf der Tugend der Mitmenschlichkeit (*jen*) begründet, welcher von seinem großen Nachfolger Mong-dse im vierten Jahrhundert v. Chr. die Rechtlichkeit (*i*) hinzugefügt wurde.

Diese Philosophie hielt sich an die Bindungen von Familie und Staat, bewegte sich in den Grenzen des Erkennbaren und der Tagespflichten, sprach nicht von den populären Dämonen und Geistern, aber fühlte sich einem höchsten Gott, dem »Himmel«, verantwortlich, glaubte an das Gute im Menschen und war überzeugt, daß Tugend lehrbar und die Staatsgewalt in der Hand des Gebildeten am besten aufgehoben sei. Kein Wunder, daß Konfuzius auch bei uns, im 18. Jahrhundert, zum Schutzpatron der Aufklärung erhoben und das Reich der Mitte zum einsamen Vorbild einer mustergültigen Regierung erklärt worden ist.

Vermutlich haben unsere Aufklärer die Mitte philosophisch verstanden, während das Wort ursprünglich als Mittelpunkt der Welt gemeint war. Doch eine glückliche Fügung, die manchmal in der Sprache waltet, läßt beide Bedeutungen zu.

Schon Konfuzius hatte den mittleren Standpunkt gelehrt. Im Zweifelsfall aber hielt er es lieber mit den Heftigen als den Lässigen und scheute nicht die Todesgefahr, wenn es galt, das menschlich Anständige zu wahren.

Ganz anders die Daoisten. Ihr Ziel war die möglichst lange, wenn nicht ewige Behauptung des Selbst in seiner Leiblichkeit. Ein Leben in der Gemeinschaft, zum Wohl der Mitmenschen, ein Leben für Wohlstand und Ruhm, und das bedeutete Dienst am Hof von allgewaltigen, launischen Fürsten und Königen, mußte die eigene Fortdauer gefährden und wurde von den Daoisten somit verworfen.

In einer seltsamen Ausweitung – die wiederum nicht so seltsam ist, da die chinesische Philosophie sich vorwiegend an den Herrscher richtete – übertrug man eines Tages die Lehre des Nicht-Tuns (*wu-we*) und Nicht-Redens (*wu-yän*) auf den Machthaber, welchem damit die Hegemonie im Reich von selbst zufallen würde.
Das ist die Botschaft des *Dao-Dö-ging*, des »Heiligen Buches vom Weg und von der Tugend«, das, um 300 v. Chr. kompiliert, einem legendären »Alten Meister« Lao-dse zugeschrieben wurde. Freilich haben wir zu bedenken, daß dieses Werk entstand, als die einzelnen Lehnsstaaten der Dschou-Dynastie sich in blutigen Kämpfen niedermachten, deren Beendigung die Daoisten nur von einem quietistisch gesonnenen Monarchen erhofften.
Auch im *Dschuang-dse*, der wohl wichtigsten und großartigsten Quelle des Daoismus, wenden sich etliche Passagen an den Herrscher, den »Heiligen Menschen«. Anders jedoch als im Fürstenspiegel des *Dao-Dö-ging* wird im *Dschuang-dse* die Freiheit des einzelnen gefeiert, und anders als im *Dao-Dö-ging* werden Tod und Leben mitunter gleichgesetzt. Auch geben Witz und – eine im chinesischen Schrifttum seltene – Ironie dem Werk seinen unverwechselbaren Charakter, von wievielen Autoren es auch stammen mag.
Mitmenschlichkeit und Rechtlichkeit, die vermutlich schon zum Schlagwort der führenden Schicht herabgesunken waren, werden im *Dschuang-dse* verurteilt. Konfuzius selbst erscheint, vielleicht in einem ironischen Scherz, als Verkünder letzter daoistischer Weis-

heit oder aber als Zerrfigur, die mit beißendem Spott übergossen wird.
Trotz so gravierender Gegensätze finden sich Konfuzianismus und Daoismus in einer Tugend: dem Einhalten-Können. Kein Zufall, daß wir von ihm in fünf unserer sechs Kapitel hören, ohne daß eine Nachhilfe nötig gewesen wäre. Ja, hier scheint die stärkste Wurzel der chinesischen Weisheit zu liegen; und wenn der Kultur Chinas solche Dauer beschieden war, dann nicht zuletzt, weil sie stets an einem bestimmten Punkt haltzumachen verstand. So hat sie die Herstellung eines Pflocks am Ochsenjoch für kunstvoller gehalten als die Herstellung einer Flugmaschine (S. 188). Gewiß hat solche Weisheit den technischen Fortschritt im Reich der Mitte verhindert und ihm den Ruf der Rückständigkeit eingetragen. Man hat die Chinesen belächelt, zumindest bis vor kurzem, als es die Technik möglich machte, die Menschheit auszurotten.

Die dritte Säule der chinesischen Kultur, der Buddhismus, war im zweiten Jahrhundert aus Indien ins Han-Reich gekommen und bedürfte in unserer Anthologie keines eigenen Kapitels, wenn China nicht die fremde Religion um eine bodenständige Spielart bereichert hätte, den Meditations- oder Tschan-Buddhismus, in der sino-japanischen Form Zen uns eher geläufig. Zwar blickte Zen auf den indischen Patriarchen Nāgārjuna im zweiten Jahrhundert als einen geistigen Vater; doch dessen Leugnung der Antinomien hatte Parallelen im *Dschuang-dse*, und es ist nicht von ungefähr, daß eine Reihe von Zen-Äbten als Daoisten begonnen hatten. Zuweilen erscheint Zen als eine Umkehrung der Lehre Buddhas. Hatte dieser die Welt als leidvoll erkannt und als einziges Ziel des Menschen, dieser Welt zu entrinnen, sagte der Zen-Abt Yün-men (864–949): »Tag für Tag ein guter Tag.«

Zen, im Herzen des Menschen zu Hause, nicht auf Text und Zeichen gegründet, ist dem geschriebenen Worte feind, und zen-buddhistische Schriften sind eigentlich ein Widerspruch in sich selbst. Dennoch gibt es ein paar Sammlungen von »Fällen«, besser: »Gerichtsfällen« (*gung-an*, sino-jap. *kōan*), in denen die Zen-Meister der Sung-Zeit (960–1279) Gericht hielten über Worte meist tang-zeitlicher Zen-Meister. Denn da man von nichts eine Aussage machen könne, müßten auch die bekannten Dikta der Kirchenväter nichtig sein. In dieser Weise sind die meisten »Fälle« zu lesen, die der Schüler zu meditieren hatte, um nach verzweifeltem Grübeln die Erleuchtung zu erlangen. Wir haben wenigstens einige Beispiele vorgelegt, auch wenn hier die Weisheit, in unserem Verständnis, aufhört und aufhören soll.

Es fügt sich, daß eine Lehre von so rigoroser Herbheit sich im Reich der Mitte nicht halten konnte. Zen wanderte nach Japan aus, um dessen Kultur aufs nachhaltigste zu prägen.

Die älteste Weisheit Chinas ist in seinen ältesten Literaturdokumenten überliefert, den rund dreihundert Liedern, die zwischen dem 10. und 6. vorchristlichen Jahrhundert entstanden sein mögen, mit einem Schwerpunkt auf dem 8. Jahrhundert. Hier schon erklingt die Mahnung zur Vorsicht, die nicht verstummen wird in dem Land, das kein Bürgertum entwikkelt und die Rechte des einzelnen mehr oder minder nach Gutdünken behandelt hat. Es erklingt in den Liedern die Mahnung zu gesittetem Betragen, das Lob des Einhaltens und der Sohnespflicht gegenüber den Eltern, aber auch die Aufforderung zum Genuß des flüchtigen Lebens.

Im 2. und 3. Jahrhundert n. Chr. hatte das lyrische Gedicht zu jener Form gefunden, in der es beinahe bis heute gültig blieb. Zugleich hatte sich der Buddhismus verbreitet. Nicht zuletzt durch das nun verfügbare Buch *Dschuang-dse* war der Daoismus zu neuer Blüte gelangt. So begegnen wir in Dichtern wie Tao Yüan-ming (365–427) Persönlichkeiten, die ihre konfuzianische Grundhaltung um Einsichten daoistischer Mystik und indischen Erlösungsglaubens bereicherten. In der Tang-Zeit (618–907), dem Goldenen Zeitalter der Lyrik, verstärkte sich die synkretistische Denkweise. Der große Wang We neigte in seinen späten Lebensjahren dem Buddhismus zu; auch Du Fu, für viele Chinesen ihr bedeutendster Dichter, konnte sein kaisertreues Konfuzianertum mit einer Sympathie für den Frieden und die Stille buddhistischer Weltabkehr verbinden, während Li Tai-bo fest im Daoismus wurzelte. Bis in die neuere Zeit beobachten wir dieses harmonische Zusammenwirken der drei Geisteswelten im Bewußtsein des Gebildeten und damit des Dichters.

Handfeste Weisheit bieten uns die Anekdoten. Sie finden sich zum einen in historischen Texten. Oft sind sie fahrenden Politikern in den Mund gelegt, die den jeweiligen Landesfürsten vor bestimmten Aktionen warnen oder sie dazu bewegen wollten. Das gelang um so leichter, wenn ihre Geschichte zum Lachen reizte.

Die Philosophen würzten ihren Lehrvortrag mit bekannten, vielleicht auch eigens erdachten Anekdoten, an die sie ihre philosophische Schlußfolgerung knüpften. Auf letztere konnten wir verzichten, wenn das Geschichtchen selbst eine Weisheit barg.

Prall von Lebensklugheit in anekdotischem Gewand ist das Sammelwerk »Frühling und Herbst der Lü-Familie« aus dem 3. Jh. v. Chr.; von geistreicher Esoterik die »Neuen Gespräche der Welt von heute« aus dem 5. Jahrhundert, das durch die Schule des Neo-Daoismus gegangen war.

In den Sprichwörtern tritt uns eine ganz andere Welt entgegen. Wohl nicht immer vom Volksmund formuliert – es sei denn, wir verstünden das Volk in einem sehr weiten Sinne –, nehmen die Sentenzen keine Rücksicht auf die Empfindlichkeit eines Adressaten, im Gegenteil, sie schildern die Tatbestände ganz unverblümt. Die Bestechlichkeit der Beamten, die Willensschwäche der Kirchendiener, die Geldgier der Händler, sie werden genüßlich angeprangert. Daß überhaupt vom Geld so oft die Rede ist, fällt auf. So bildet die Spruchweisheit eine willkommene Ergänzung zu den Maximen der Oberklasse.

Über das Alter der Sinnsprüche kann nur spekuliert werden. Manche werden bereits im klassischen Schrifttum zitiert. So widerlegt Konfuzius einmal ei-

nen Zweizeiler, der in seiner derben Diesseitigkeit an Späteres gemahnt (siehe S. 37).
Nicht immer sind die Sprichwörter gereimt. Wenn wir den gereimten den Vorzug gegeben haben, so zum Zeugnis, daß China nicht nur den Reim erfunden hat, sondern ihm auch treu geblieben ist durch die Jahrtausende.

I

Konfuzianische Weisheit

Aufrecht und wahr, so liebe das Lernen! Getreu bis in den Tod, so folge dem Weg! In ein gefährdetes Land geh nicht hinein; in einem gesetzlosen Land verweile nicht! Wenn das Land dem Weg folgt, dann zeige dich! Wenn es dem Weg nicht folgt, dann bleibe verborgen!
Arm und ohne Ansehen sein, wenn das Land dem Weg folgt, ist eine Schande. Reich und geehrt sein, wenn das Land dem Weg nicht folgt, ist auch eine Schande.

Lun-yü

Lernen, und von Zeit zu Zeit üben, was man gelernt hat, ist das nicht auch eine Freude?
Wenn da Freunde sind, die von weither kamen, ist das nicht auch ein Glück?
Wer keinen Groll hegt, weil die andern ihn nicht kennen, ist das nicht auch ein Edelmann?

Lun-yü

Den Geistern fremder Familien zu opfern, ist Schmeichelei. Das Rechte sehen und es nicht tun, ist Mangel an Mut.

Gi Wen-dse bedachte sich dreimal, bevor er handelte. Als der Meister dies hörte, sagte er: »Zweimal würde genügen.«

Lun-yü

H.

Der Edelmann hält sich an das, was recht ist; der kleine Mann hält sich an das, was Nutzen bringt.

Der Edelmann fügt sich ein, aber macht sich nicht gleich; der kleine Mann macht sich gleich, aber fügt sich nicht ein.

Der Edelmann stellt Anforderungen an sich selbst; der kleine Mann stellt Anforderungen an die anderen.

Lun-yü

Ein mannhafter Mann, ein menschlicher Mensch wird niemals der Menschlichkeit schaden, um sein Leben zu retten. Eher gab es solche, die ihren Leib opferten, um die Menschlichkeit zu vollenden.

Lun-yü

Der Meister sagte: »Ich geb es auf! Keiner, den ich traf, liebte das Erbauliche so wie das Frauliche.«

Wer nicht fragt: »Wie muß ich mich verhalten? Wie muß ich mich verhalten?«, zu dem werde ich mich überhaupt nicht verhalten.

Lun-yü

Dse-gung fragte: »Gibt es ein Wort, nach dem man sich sein Leben lang richten kann?« Der Meister sagte: »Ist es ›Gegenseitigkeit‹? Was man selbst nicht will, das füge man auch den andern nicht zu.«

Lun-yü

Dse-gung fragte: »Was, wenn alle Leute des Heimatdorfes einen lieben?« Der Meister sagte: »Das wäre noch nicht rechtens.« »Und was, wenn alle Leute des Heimatdorfes einen hassen?« Der Meister sagte: »Das wäre noch nicht rechtens. Am besten ist's, wenn die Guten im Heimatdorf uns lieben und die Bösen uns hassen.«

Lun-yü

Der Meister sagte: »Wenn ich keine Genossen finde, die sich in der Mitte bewegen, werde ich mich auf jeden Fall an die Heftigen und Hastigen halten. Die Heftigen gehen vorwärts und packen an. Und für die Hastigen bleibt noch immer etwas zu tun übrig.«

Lun-yü

Yüan Jang saß wartend mit untergeschlagenen Beinen. Der Meister sagte: »Wer in der Jugend kein guter Enkel und Bruder ist; wer herangewachsen nichts Überliefernswertes schafft; und wer im Alter nicht sterben will, der ist ein Dieb!« Und er schlug ihm mit dem Stock auf die Schienbeine.

Lun-yü

Lernen, ohne zu denken, ist umsonst; denken, ohne zu lernen, ist gefährlich.

Yu, soll ich dich lehren, was Wissen ist? Nimm Wissen für Wissen, Nichtwissen für Nichtwissen: Das heißt Wissen.

Einen Fehler machen und ihn nicht korrigieren, erst das heißt einen Fehler machen.

Lun-yü

Geschickte Reden und gewinnende Mienen sind selten von wahrem Menschentum.

Der Edelmann wünscht sich, langsam im Reden und schnell in der Tat zu sein.

Lun-yü

Nur wer das Alte rekapituliert, um das Neue zu kennen, ist fähig, Lehrer zu sein.

Etwas am falschen Ende anfassen, heißt es zerstören.

Lun-yü

Wenn uns der Gehalt über den Stil geht, sind wir Wilde. Wenn uns der Stil über den Gehalt geht, sind wir Schreiber. Erst wenn Stil und Gehalt sich harmonisch vermengen, sind wir Edelleute.

Lun-yü

Nicht reden mit einem, mit dem man reden kann, heißt einen Menschen verlieren. Mit einem reden, mit dem man nicht reden kann, heißt seine Worte verlieren. Der Wissende verliert keine Menschen, er verliert aber auch keine Worte.

Wer Tugend hat, hat gewiß auch Worte; wer Worte hat, hat nicht unbedingt Tugend. Der Menschliche hat gewiß auch Mut; der Mutige hat nicht unbedingt Menschlichkeit.

Lun-yü

Solange dein Vater lebt, blick auf seinen Willen. Ist dein Vater dahingegangen, blick auf seinen Wandel. Drei Jahre lang nichts ändern am Weg des Vaters, erst das kann pietätvoll genannt werden.

Wenn die Matte nicht gerade liegt, setzt sich der Edle nicht.

Lun-yü

Dse-lu fragte, wie man den Dämonen und Geistern dienen solle. Der Meister sagte: »Solange wir noch nicht den Menschen dienen können, wie könnten wir den Dämonen dienen?« »Darf ich nach dem Tode fragen?« Er sagte: »Solange wir noch nicht das Leben kennen, wie sollten wir den Tod kennen?«

Lun-yü

Wang-sun Gia fragte: »Was bedeutet der Spruch

Statt daß man den Andachtwinkel verehrt,
Verehre man lieber den Küchenherd!«

Der Meister sagte: »Dem ist nicht so. Wer sich gegen den Himmel versündigt, hat niemanden, zu dem er beten kann.«

Lun-yü

Der Edle ist von umfassender Bildung, doch wahrt er sie verlegen. Er spricht nur in Andeutungen, aber handelt energisch.
Im Handeln muß er den anderen vorangehen, in den Worten muß er hinter ihnen zurückstehen.
Der Edle wahrt dies ängstlich sein Leben lang.

Wenn der Edle in fremde Länder reist, gebraucht er kein Wort, das man dort vermeidet, und widersetzt sich keinem Verbot, das dort gilt. Er trägt keine bunten Kleider und hält keine erschreckenden Reden. Darum heißt es: Lieber zu bescheiden als zu großspurig, lieber zu kurz bemessen als zu lang.

Dseng-dse

Ein pietätvoller Sohn steigt nicht auf Höhen und betritt keine gefährlichen Stellen.

Von allem, was der Himmel zeugt und die Erde nährt, ist der Mensch das Größte. Und was Vater und Mutter heil geschaffen haben, muß der Sohn heil zurückgeben. Das versteht man unter Pietät.

Darum wagt der Edle nicht beim kleinsten Schritt, Vater und Mutter zu vergessen, wagt nicht bei einem einzigen Wort, Vater und Mutter zu vergessen.
Weil er nicht beim kleinsten Schritt wagt, Vater und Mutter zu vergessen, hält er sich an die breiten Straßen und benutzt keine Nebenwege, fährt im Boot, aber schwimmt nicht: Er wagt nicht, den von den verstorbenen Eltern hinterlassenen Leib zu gefährden.
Weil er nicht bei einem einzigen Wort wagt, Vater und Mutter zu vergessen, läßt er kein böses Wort über die Lippen kommen, so daß auch ihn kein zorniges Wort erreicht. Also bereitet er sich selbst keine Schande und seinen Eltern keinen Kummer. Erst dann dürfen wir von Sohnespietät sprechen.

Der höchste Mensch findet im Guten sein Glück; der nächst hohe findet darin seinen Frieden. Der nächste wiederum ist wenigstens imstande, sich darum zu bemühen.

Reich und liederlich ist nicht so gut wie arm und rühmlich. Leben in Schande ist nicht so gut wie sterben in Ehren. Kann man der Schande entgehen, so mag man ihr entgehen. Kann man ihr nicht entgehen, betrachtet der Edle den Tod als Heimkehr.

Dseng-dse

Der Rinderberg war einmal schön mit Bäumen bestanden. Weil er aber an der Grenze einer großen Stadt lag, sind Axt und Beil über ihn hergefallen. Konnte man ihn da noch für schön halten? Wie indessen Tag und Nacht ihn neu belebten, Regen und Tau ihn netzten, blieb es nicht aus, daß junge Triebe sproßten. Da kamen Rinder und Schafe und haben ihn abgegrast – darum ist er jetzt so kahl. Und die Menschen, die seine Kahlheit sehen, meinen, er habe nie gutes Holz besessen. Allein, wie wäre das des Berges wahre Natur!

So nun ist es auch mit dem Menschen: Wie wäre er bar des Sinnes für Gut und Rechtschaffen! Wodurch er seinen lauteren Sinn verliert, das gleicht jenen Äxten und Beilen an den Bäumen: Tag um Tag fällt man über ihn her. Kann man ihn da noch für schön ansehen? Wie indessen Tag und Nacht ihn neu beleben, ein jeder Morgen ihn anhaucht, ist er in seinem Lieben und Hassen den andern Menschen wieder nah. Über ein kleines jedoch – dann wird er in die Taten des Tages verstrickt, geht in ihnen unter. Und wenn diese Verstrickung sich ständig wiederholt, dann reicht der Anhauch der Nacht nicht mehr aus, ihn am Leben zu halten, dann ist er nicht mehr weit vom Tier entfernt. Und die Menschen, die sehen, wie tierisch er ist, meinen, er sei nie ›aus gutem Holz‹ gewesen. Allein, wie wäre das des Menschen wahrer Charakter?

Mong-dse

Der große Mann verliert nicht das Herz eines Kindes in seiner rosigen Nacktheit.

Wenn dem Menschen ein Huhn oder der Hund weggelaufen ist, weiß er sie wiederzufinden. Aber wenn ihm sein Herz weggelaufen ist, weiß er es nicht zu finden. Die Kunst des Lernens hat keinen anderen Zweck, als das weggelaufene Herz wiederzufinden.

Mong-dse

Wer kein mitfühlendes Herz hat, ist kein Mensch. Wer sich in seinem Herzen nicht des Bösen schämt, ist kein Mensch. Wer nicht im Herzen bereit ist, andern nachzugeben, ist kein Mensch. Wer nicht im Herzen zwischen Recht und Unrecht unterscheidet, ist kein Mensch.

Der Edle ist ein Leben lang besorgt, aber nicht einen Morgen lang betrübt.

Mong-dse

Ich mag Fisch, ich mag aber auch Bärentatzen. Wenn ich beides nicht haben kann, dann lasse ich den Fisch und halte mich an die Bärentatzen.
Ich mag das Leben, ich mag aber auch die Rechtlichkeit. Wenn ich beides nicht haben kann, dann lasse ich das Leben und halte mich an die Rechtlichkeit.

Mong-dse

Wahr sein ist des Himmels Weg; wahr machen ist des Menschen Weg.

Des Edlen Weg ist schmacklos, und darum wird man seiner nicht satt. Des Edlen Weg ist einfach und dadurch erlesen, ist temperiert und dadurch vernünftig.

Dschung-yung

Konfuzius sprach: »Warum der Weg des Rechten nicht begangen wird, das weiß ich: Die Klugen gehen darüber hinaus, während die Toren ihn nicht erreichen. Warum der Weg des Rechten nicht erkannt wird, das weiß ich: Die Tüchtigen gehen darüber hinaus, während die Unfähigen ihn nicht erreichen.«

Dschung-yung

Wer kreuz und quer die Wege geht,
  kommt nie zum Ziel;
Dem, der zwei Herren dient,
  bleibt alle Gunst verwehrt.
Das Auge sieht nicht klar,
  sobald es nach zwei Seiten blickt;
Das Ohr vernimmt nicht scharf,
  das auf zwei Dinge hört.

Sün-dse

Wenn du nicht sammelst Schritt um Schritt,
Kannst du nicht tausend Meilen gehen.
Wenn sich nicht sammeln kleinste Rinnen,
Wird auch kein Strom, kein Meer entstehen.

Mit einem einzgen Satze schafft
Kein Wunderpferd den Tausend-Meilen-Lauf.
Ein Klepper schafft das in zehn Tagen;
Denn Leistung heißt: Gib nie was auf!

Wer kerbt und aufgibt irgendwann,
Wird auch ein morsches Holz nicht brechen.
Doch wer beim Kerben nie gibt auf,
Kann selbst Metall und Steine stechen.

Sün-dse

Die Tugend ist des Edlen Halt;
Der kleine Mann greift zur Gewalt.

Der Edle macht es, weil die Form erlesen;
Die Menge machts, betört vom Geisterwesen.

Sün-dse

Wenn sich die Scheibe spannt,
Schon kommt des Bogners Pfeil heran.
Wenn üppig prangt der Wald,
So kommen Beil und Axt alsdann.
Wenn Schatten wirft der Baum,
Zieht er den Vogelschwarm in Bann.
Wenn Eingelegtes gärt,
So laben sich die Schnaken dran.

Sün-dse

Der Rede Schönheit liegt darin,
Daß achtsam-ernst das Wortgepränge;
Des Hofes Schönheit liegt darin,
Daß wirbelnd quirlt der Mannen Menge.

Sammle Gutes zur Tugend an:
Göttliche Klarheit gewinnst du dann.
Dies trägt im Herzen der Heilige Mann.

Sün-dse

Bedient von Weisen, winkt dir Königsrang;
Bedient von Tüchtigen, regierst du lang.
Bedient von Meuterern, das bringt Gefahr;
Bedient von Schmeichlern, ist dein Untergang.

Sün-dse

Zum König wird, wer pflegt die Riten;
Tyrannen sind, die nur gebieten.

Wenn du nichts weißt von einem Mann,
  betrachte seine Freunde!
Wenn du nichts weißt von einem Fürsten,
  betrachte seine Ratsgemeinde!

Sün-dse

Leite dein Herz mit Vernunft!
Zur Nahrung gib ihm reine Gedanken!
Dann bringt die Dingwelt es nicht zum Wanken.

Droben, da glorifiziert man die Dinge;
Drunten, da läßt man sie kläglich verenden.
Nur in der Mitte zielt man ins Zentrum der Ringe.

Wahrheit bewähren
Heißt Götter gebären.

Sün-dse

Glaubhaftes glauben ist Glauben; Zweifelhaftes bezweifeln ist auch Glauben.
Die Trefflichen ehren ist Menschlichkeit; die Nichtswürdigen geringschätzen ist auch Menschlichkeit.
Redend das Richtige treffen ist Wissen; schweigend das Richtige treffen ist auch Wissen. Darum: Zu schweigen wissen ist ebenso gut wie zu reden wissen.

Sün-dse

Den Himmel rühmen und seiner in Sehnsucht
gedenken –
Ist es nicht besser, die Dinge zu hüten, sie ordnen
und lenken?
Dem Himmel gehorchen und ihn mit Hymnen
besingen –
Ist es nicht besser, sein Schicksal selber zu lenken,
ihm Nutzen entringen?
Hoffen und warten, daß einmal günstig die
Stunde –
Ist es nicht besser, wir strengten uns an, mit den
Zeiten im Bunde?
Willenlos zusehn, wie sich die Dinge vermehren –
Ist es nicht besser, mit eigenem Können ins Rechte
sie kehren?
Immer der Dinge gedenken, als Dinge sie fassen –
Ist es nicht besser, die Dinge zu regeln, sie nimmer
zu lassen?
Fragen, woraus die Dinge traten ins Leben –
Ist es nicht besser, den Dingen Vollkommenheit
geben?

Sün-dse

Ohne dem Volk zu nützen, es nutzen ist weniger nützlich, als ihm nützen und es dann nutzen.
Ohne das Volk zu lieben, es gebrauchen ist weniger verdienstvoll, als es lieben und dann gebrauchen.
Ihm nützen und es dann nutzen ist weniger nützlich, als ihm nützen und es gar nicht nutzen.
Es lieben und dann gebrauchen ist weniger verdienstvoll, als es lieben und gar nicht gebrauchen.
Wer dem Volk nützt und es nicht nutzt; wer es liebt und es nicht gebraucht, der wird das Weltreich in Besitz nehmen.

Sün-dse

Die Töne werden im Herzen des Menschen erzeugt: »Des Herzens Sehnen flutet in Tönen.« Andererseits, ein Ton, der draußen aufkommt, veredelt unser Inneres. Darum:

Hör die Musik im Land,
Dann hast du die Sitten erkannt.

Prüft man die Sitten der Leute, kennt man auch ihr Fühlen und Wollen. Betrachtet man ihr Fühlen und Wollen, kennt man ihre Tugenden. Gedeih und Verderb, Trefflichkeit und Nichtswürdigkeit, Edelsinn und Sinn des kleinen Mannes, all das findet seine Gestalt in der Musik und läßt sich nicht verbergen. Darum heißt es: »Tief fürwahr ist der Einblick, den die Musik uns gewährt!«

Frühling und Herbst der Lü-Familie

Mit guten Menschen zusammen wohnen ist, wie wenn man ein Haus mit Iris und Orchideen betritt: Nach einer Weile nimmt man den Duft nicht mehr wahr. Man hat sich ihm nämlich anverwandelt.
Mit unguten Menschen zusammen wohnen ist, wie wenn man einen Laden mit Dörrfisch betritt: Nach einer Weile nimmt man den Gestank nicht mehr wahr. Man hat sich ihm nämlich auch anverwandelt.
Was in Zinnober getaucht wird, wird rot; was in Lack getaucht wird, wird schwarz. Darum muß der Edle peinlich darauf achten, mit wem er zusammen wohnt.

Schulgespräche des Konfuzius

Dse-gung fragte Konfuzius: »Haben die Toten ein Bewußtsein oder nicht?«
Der Meister sagte: »Wollte ich sagen, die Toten haben ein Bewußtsein, wäre zu fürchten, daß die pietätvollen Söhne und folgsamen Enkel ihr eigenes Leben zu kurz kommen lassen, um den Toten das Geleit zu geben. Wollte ich sagen, die Toten haben kein Bewußtsein, wäre zu fürchten, daß die pietätlosen Söhne ihre Eltern einfach fortschafften ohne Begräbnis. Laß ab von deinem Wunsch zu wissen, ob die Toten ein Bewußtsein haben oder keins. ›Gar nicht eilt es, heut zu fragen. Wirst es später selbst erfahren.‹«

Schulgespräche des Konfuzius

Besser, als unter die Menschen zu fallen,
Ist's, in den Wasserschlund zu fallen.
Denn in den Wasserschlund gefallen,
  kannst du noch schwimmen.
Doch unter die Menschen gefallen,
  gibts kein Entrinnen.

Aufzeichnungen der Sitte
durch den Älteren Dai

Sag nicht: »Wie könnte das mir schaden?«
Dies eben wird das Unheil laden.

Sag nicht: »Wieviel schon richtets an?«
Das Unheil würde mächtig dann.

Sag nicht: »Wo läge da die Pein?«
Das Unheil wäre ständig dein.

In allem Glanze sieh dich vor:
Der Mund gibt Schande kund.
Der Mund tötet den Mund.

Aufzeichnungen der Sitte
durch den Älteren Dai

Daß die Tugend vollendet sei, steht oben; daß die Kunst vollendet sei, steht unten. Daß der Wandel vollendet sei, kommt zuerst; daß das Handeln vollendet sei, kommt danach.

Aufzeichnungen der Sitte
durch den Jüngeren Dai

Wenn der Nutzen nicht hundertfach, ändert man kein Gesetz. Wenn der Erfolg nicht zehnfach, wechselt man kein Gerät.

Aufzeichnungen des Großhistoriographen

Jemand fragte: »›Wenn der Edle redet, dann schafft er Literatur; wenn er handelt, dann schafft er Tugend‹. Wie kommt das?«
Ich antwortete: »Weil er prall ist im Innern, ist er prächtig im Äußeren.«

Yang Hiung

Sämtliche Wesen, die nicht im Gleichgewicht sind, tönen:
Gräser und Bäume haben keine Stimme, doch wenn der Wind sie schüttelt, dann tönen sie.
Das Wasser hat keine Stimme, doch wenn der Wind es aufrührt, dann tönt es: Es schwappt – jemand hat es erregt; es zischt dahin – jemand hat es eingedämmt; es brodelt – jemand hat es erhitzt.
Erz und Stein haben keine Stimme, doch wenn man sie schlägt, dann tönen sie.
Beim Menschen in seinem Verhältnis zum Wort ist das ebenso. Nur wenn ihm etwas fehlt, redet er. Sein Singen bedeutet: er hat Sehnsucht. Sein Klagen bedeutet: er ist im Innersten bewegt. Was immer zum Munde ausgeht, um Stimme zu werden, zeugt davon, daß der Mensch nicht im Gleichgewicht ist.

Han Yü

Menschlichkeit ist etwas, das die Einheit mit Himmel und Erde herstellt.

Ein Mann der Menschlichkeit betrachtet Himmel und Erde, alle Wesen und Dinge als eins mit ihm selber. Für ihn gibt es nichts, das er nicht selbst wäre.

Tscheng Hao

II

Daoistische Weisheit

Wenn der Mensch geboren wird,
Ist er weich und schwach;
Wenn er stirbt,
Ist er fest und stark.
Wenn die zehntausend Wesen,
Wenn Gräser und Bäume wachsen,
Dann sind sie weich und saftig;
Doch wenn sie absterben,
Dann sind sie dürr und trocken.

Wahrlich:

Das Feste, Starke ist des Todes Begleiter;
Das Weiche, Schwache des Lebens Begleiter.

Deshalb:

Sind die Waffen stark, dann siegen sie nicht.
Sind die Bäume stark, dann werden sie gefällt.
Das Starke, Große liegt darnieder;
Das Weiche, Schwache ist hochgestellt.

Dao-Dö-ging

Der Speichen dreimal zehn
Auf einer Nabe stehn.
Eben dort, wo sie nicht sind,
Ist des Wagens Brauchbarkeit.

Man knetet Ton zurecht
Zum Trinkgerät.
Eben dort, wo keiner ist,
Ist des Gerätes Brauchbarkeit.

Man meißelt Tür und Fenster aus
Zur Wohnung.
Eben dort, wo nichts ist,
Ist der Wohnung Brauchbarkeit.

Wahrlich:

Erkennst du das Da-Sein als einen Gewinn,
Erkenne: Das Nicht-Sein macht brauchbar.

Dao-Dö-ging

Ohne das Tor zu verlassen,
Kannst du das Erdreich erfassen;
Ohne durchs Fenster zu spähn,
Den Weg des Himmels sehn.
Je weiter wir hinausgegangen,
Desto geringer wird unser Verstehn.

Deshalb der Heilige Mensch:

Ohne zu wandeln, versteht er;
Ohne zu sehn, benennet er;
Ohne zu tun, vollendet er.

Dao-Dö-ging

Klang von Musik und Wohlgeruch der Speisen:
Die Fremden hält es, die vorüberreisen.
Doch was der *Weg* an Worten bietet dar,
Ist ohne Duft und Köstlichkeit dem Munde.
Wer es erblickt, den dünkt es unscheinbar;
Wer es vernimmt, nimmts nur mit Mühe wahr;
Wer es gebraucht, kommt aber nie zum Grunde.

Dao-Dö-ging

Erkennt eure Mannheit,
Bewahrt eure Weibheit!
So seid ihr dem Erdreich ein Quell.
Wer dem Erdreich ein Quell:
Ewige Tugend verläßt ihn nicht,
Heim kehrt er wieder zur Kindheit.

Erkennt eure Helle,
Bewahrt euer Dunkel!
So seid ihr dem Erdreich ein Maß.
Wer dem Erdreich ein Maß:
Ewige Tugend verfehlt ihn nicht,
Heim kehrt er zum Grenzenlosen.

Erkennt eure Würde,
Bewahrt eure Schande!
So seid ihr dem Erdreich ein Tal.
Wer dem Erdreich ein Tal:
Ewige Tugend hat der genug,
Heim kehrt er zum Groben und Schlichten.

Dao-Dö-ging

Was macht, daß Strom und Meer vermögen,
König zu sein den hundert Flußtälern?
Weil sie gut sind im Niedrigsein,
Darum vermögen sie,
König zu sein den hundert Flußtälern.

Deshalb:

Wer dem Volk will über sein,
Stellt sich in seinem Wort ihm unter.
Wer dem Volk voran sein will,
Stellt sich mit seinem Selbst dahinter!

Deshalb, der Heilige Mensch
Weilt oben, ohne das Volk zu belasten;
Weilt vorn, ohne dem Volk zu schaden.
Deshalb freut sich das Reich, ihn zu fördern,
Und wird seiner nicht müde.

Weil er nicht streitet,
Darum vermag niemand im Reich,
Mit ihm zu streiten.

Dao-Dö-ging

Mit einem Brunnenfrosch kann man nicht über das Meer sprechen: er ist auf seinen hohlen Schacht beschränkt. Mit einer Sommermücke kann man nicht über das Eis sprechen: sie ist an ihre Jahreszeit gebunden. Mit einem verkrümmten Gelehrten kann man nicht über das Dao sprechen: er ist an seine Lehre gefesselt.

Dschuang-dse

Wenn die Quellen versiegen und die Fische sich auf dem Trockenen drängen, beatmen sie einander mit Feuchtigkeit und netzen einander mit Schleim. Besser jedoch, sie könnten einander in Strom und See vergessen.

Dschuang-dse

Höchste Sittlichkeit: nicht in der Menschen Sold.
Höchste Rechtlichkeit: den Wesen nicht verpflichtet.
Höchstes Wissen: auf kein Ziel gerichtet.
Höchste Menschlichkeit ist nicht den Nächsten hold.
Höchste Treulichkeit braucht keinen Paß von Gold.

Dschuang-dse

Mitmenschlichkeit und Rechtlichkeit waren die Strohhütten der früheren Könige. Man kann darin nur für eine Nacht bleiben, aber nicht für lange. »Häuser errichten bringt Pflichten.« Die Höchsten Männer des Altertums benutzten die Mitmenschlichkeit als Ersatz-Weg, die Rechtlichkeit als Notherberge. So wanderten sie im leeren Raum des freien Schweifens, aßen vom Feld der Kargheit und standen im Garten des Nicht-Verleihens. »Schweifen in Freiheit« bedeutet: ohne zu tun. »Kargheit« bedeutet: leicht zu nähren. »Nicht-Verleihen« bedeutet: man braucht nichts herauszugeben. Die Alten nannten das: »Wandern, bei dem man die Wahrheit pflückt«.

Dschuang-dse

Dse-gung war in den Süden nach dem Lande Tschu gewandert und kam, als er nach Dsin heimkehren wollte, durch den Kreis Han-yin. Da bemerkte er einen Alten, der gerade seinen Gemüsegarten versah: Durch einen Schacht stieg er zum Brunnen hinein; den Krug in der Hand, kam er heraus; Guß um Guß, so netzte er die Felder – die aufgewendete Mühe war sehr groß, der sichtbare Erfolg aber war gering.
Dse-gung sagte: »Es gibt ein Gerät hierfür, das bewässert hundert Felder in einem Tag. Die aufgewendete Mühe ist sehr gering, aber der sichtbare Erfolg ist groß. Möchtet Ihr das nicht auch haben, Meister?«
Der den Garten versah, hob den Kopf, schaute jenen an und sagte: »Wie das?«
Sagte jener: »Man durchbohrt einen Baum, daß er ein Getriebe bildet, hinten schwer, vorne leicht. Wenn man damit das Wasser emporzieht, so flutet es in einem Schwall dahin. Sein Name ist Schwingbaum.«
Der den Garten versah, wechselte vor Zorn die Farbe; dann sagte er mit einem Lachen: »Ich habe bei meinem Lehrer gehört: ›Wer ein Getriebe besitzt, dessen Geschäfte werden durchtrieben. Wessen Geschäfte durchtrieben sind, dessen Sinn muß

durchtrieben werden. Wem ein durchtriebener Sinn in der Brust wohnt, bei dem kann Reinheit sich nicht vollenden. Wo Reinheit sich nicht vollendet, da kann der lebendige Geist sich nicht niederlassen. Bei wem der lebendige Geist sich nicht niederließ, der kann vom Dao nicht getragen werden.‹
Ich weiß von jenem Ding gar wohl –: aus Scham ist's, daß ich es nicht gebrauche.«

Dschuang-dse

Sorgsam mußt du pflegen dein Selbst,
Hütend die eigene Wahrheit umfassen
Und den andern die Wesen und Dinge lassen.

Du mußt kastein, mußt reinigen dein Sinnen,
Zu Schnee gebadet sei dein Geist tief drinnen!
Zerschlagen, zersplissen
Sei dein Wissen.

Ohne Wort und ohne Schweigen:
Höchster Redekunst zu eigen.

Dschuang-dse

Jemand hatte dem Meister Dschuang Geschenke übersandt, um ihn für ein Amt zu gewinnen. Meister Dschuang antwortete dem Boten: »Habt Ihr jemals einen Opferstier gesehen? Man kleidet ihn mit buntverziertem Brokat und füttert ihn mit Gras und Bohnenkraut. Aber wenn er dann in den Ahnentempel gezerrt wird, kann er sich noch so sehr wünschen, ein verwaistes Kalb zu sein – es nützt ihm nichts.«

Dschuang-dse

Kein Räuber kann so groß sein wie Tugend, die Bewußtsein hat, und wenn das Bewußtsein dann noch Wimpern hat. Denn wer Wimpern hat, blickt nach innen, und wer nach innen blickt, ist verloren.

Acht Dinge gibt es, die zuhöchst in Bedrängnis bringen; drei Dinge gibt es, die unweigerlich zum Erfolg führen.
Schönheit, ein Bart, Länge, Größe, Kraft, Eleganz, Tapferkeit und Wagemut: Mit diesen acht übertrifft man die anderen Menschen, und dadurch wird man in Bedrängnis geraten.
Folgsamkeit, Geschmeidigkeit und die Furcht, nicht wie die anderen zu sein, all das führt zum Erfolg.

Dschuang-dse

Wenn ich nichts weiß, dann nennen mich
die andern einen Tropf und Toren;
Doch weiß ich was, hab ich mir selbst
Gefahr heraufbeschworen.
Den andern schade ich,
fehlt mir die Menschlichkeit;
Doch wenn ich menschlich bin,
bringt es mir selber Leid.
Wenn ungerecht,
schaff andern ich Bedrängnis;
Doch wenn gerecht,
wird es mir selber zum Verhängnis.

Dschuang-dse

Meister Ki von der Südlichen Vorstadt wanderte in den Hügeln von Schang. Da sah er einen großen Baum, anders als alle andern. Tausend Viergespanne hätten darunter Platz gefunden, und sein Schatten hätte sie bedeckt.
Meister Ki sagte: »Was für ein Baum! Der muß von ganz besonderem Holz sein.« Er blickte empor und sah die dünnen Äste, die so knorrig und gekrümmt waren, daß man keine Sparren und Balken daraus machen konnte. Er blickte nach unten und sah den dicken Stamm, der so hohl war, daß man keine Särge daraus machen konnte.
Leckte man an einem Blatt, zerriß es einem den Mund, daß es weh tat. Roch man daran, machte es einen drei Tage lang stocktrunken.
Meister Ki sagte: »Dies ist in der Tat ein Baum ohne Tauglichkeit. Darum hat er seine Größe erreicht. O, der Heilige Mensch ist in derselben Weise untauglich.«

Dschuang-dse

Der sinkt, der Taten aufgestellt;
Und wer sich Ruhm erworben, fällt.

Ein gerader Baum wird auch als erster fallen;
Ein süßer Bronn versiegt zuerst von allen.

Wer sich dem Dao verband,
Bleibt unbekannt.
Der höchste Tugendsinn
Sucht keinen Gewinn.

Dschuang-dse

Du magst hineingehen und umherwandern im Käfig der Menschenwelt; aber laß dich nie durch den Ruhm bewegen! Läßt man dich ein, dann sing dein Lied; läßt man dich nicht hinein, dann halte an!

Du hast gehört, wie man mit Schwingen fliegt; du hast noch nicht gehört, wie man ohne Schwingen fliegt. Du hast gehört, wie man mit Wissen wissend wird; du hast noch nicht gehört, wie man ohne Wissen wissend wird. Siehe den mit der verschlossenen Tür! Sein leeres Zimmer zeugt Helligkeit. Denn das Glück hält nur bei dem an, der anhält.

Dschuang-dse

Ein Mann der Tugend weilt daheim ohne Trachten, geht durch die Welt ohne Plan. Nicht verwahrt er Richtig und Falsch, Schön und Häßlich. Gemeinsam mit allen Menschen innerhalb der Vier Meere Gewinn zu machen, ist seine Freude; gemeinsam mit ihnen zu teilen, ist sein Friede. Jämmerlich scheint er, gleich einem Kind, das seine Mutter verloren hat; verzweifelt scheint er, gleich einem Wanderer, der seinen Weg verloren hat. Er hat mehr Schätze, als er gebrauchen kann, aber er weiß nicht, woher sie stammen. Essen und Trinken hat er genug, aber weiß nicht, woher es kommt. Dies nennen wir einen Mann der Tugend.

Dschuang-dse

Wer den Wesen Glück bringen will, ist kein Heiliger. Wer noch Verwandte und Nächste hat, ist nicht menschlich. Wer auf die Stunde des Himmels wartet, ist kein Weiser. Wer sich mit Nutzen und Schaden nicht gleichermaßen verbündet, ist kein Edelmann. Wer sich einen Namen macht und dabei sein Selbst verliert, ist kein Ritter.

Dschuang-dse

Wenn du nicht weißt, wohin du gehst beim Wandern,
Nicht weißt, woran dich halten, wenn du bleibst,
Auch nichts vom Wohlgeschmack beim Essen weißt:
Trägt dich der Schöpfung allgewaltiger Geist.

Dschuang-dse

Kaiser Yao wollte das Blumenland besichtigen. Der Grenzwächter sprach:
»Oho, ein Heiliger! Darf ich den Heiligen segnen? Das bringt dem Heiligen ein langes Leben ...« Yao sprach: »Danke, nein.«
»Das bringt dem Heiligen Reichtum ...« Yao sprach: »Danke, nein.«
»Das bringt dem Heiligen viele Söhne ...« Yao sprach: »Danke, nein.«
Der Grenzwächter sagte: »Ein langes Leben, Reichtum und viele Söhne, das ist es doch, was sich die Menschen wünschen! Du allein wünschest das nicht – wieso nur?«
Yao sagte: »Viele Söhne, das bedeutet viel Angst; Reichtum bedeutet viel Ungemach; ein langes Leben bedeutet viel Schande. Diese drei Dinge sind nicht dazu angetan, die innere Tugend zu nähren. Darum lehne ich sie ab.«
Der Grenzwächter sprach: »Anfangs, da hab ich dich für einen Heiligen gehalten. Jetzt aber bist du nur ein Edler. Der Himmel schuf die zehntausend Leute des Volks, da wird er ihnen bestimmt auch ein Amt geben; und wenn einer viele Söhne hat, wird er auch ihnen ein Amt geben – was brauchte man da zu fürchten? Wenn einer reich ist und läßt die anderen teilhaben, welches Ungemach gäbe es da? So nämlich ist der Heilige Mensch:

Wie Wachteln haust er,
Wie Küken schmaust er;
Wie Vögel wandern,
Unfaßbar den andern.
Wenn auf dem rechten Weg das Reich,
Dann strahlt auch er, mit allen im Verbande;
Wenn ohne rechten Weg das Reich,
Pflegt er in Einsamkeit die Tugend dann.
Nach tausend Jahren, satt der Welt,
Steigt zu den Genien er hinan;
Auf einer weißen Wolke reitend,
Gelangt er bis in Gottes Lande.

Keine der drei Sorgen erreicht ihn dort, sein Leib ist ewig ohne Harm. Welche Schande gäbe es noch für ihn?«
Damit verließ ihn der Grenzwächter. Yao wollte ihm folgen und sprach: »Darf ich fragen ...«
Der Grenzwächter sagte: »Erledigt.«

Dschuang-dse

Ein Boot, verwahrt in der Schlucht, ein Berg, verwahrt im Sumpf – die nennt man sicher. Doch um Mitternacht ist ein Starker da, der nimmt sie auf den Rücken und läuft davon, und die Schlaftrunkenen merken es nicht.
Kleines im Größeren verwahren, das hat seine Richtigkeit; dennoch bleibt etwas, das wir verlieren können. Wenn wir nun aber die Welt in der Welt verwahren, kann nichts verlorengehen. Dies ist die große Seinsweise, um die Dinge beständig zu machen.

Dschuang-dse

Laß fallen den Körper, leg ab den Leib,
Spei aus den Klarblick, den wachen Verstand!
Vergiß deine Pflichten im Menschengefüge,
Mit dem unendlich Tiefen im großen Verband!

Löse dein Herz, mach frei deinen Geist,
Der Seele ledig, getaucht in Stille!
Dann kehren wieder zum Wurzelgrund
Die Dinge, die Wesen in wirbelnder Fülle.

Dschuang-dse

Darum wird der Heilige Mensch dort schweifen, wo die Wesen nicht verlorengehen, sondern allesamt dauern. Er ist gut dem Jungsein und ist gut dem Altsein; er ist gut dem Anfang und ist gut dem Ende.

Bei wem die himmlische Natur und das Menschentum einander nicht übertreffen, den nennt man einen Wahren Menschen.

Dschuang-dse

Unter den Gefolgsleuten des Lao Dan gab es einen Geng Sang-tschu, der den Weg des Lao Dan zutiefst erfaßt hatte. Damit begab er sich nach Norden und nahm in den Bergen von Winkelbrink Wohnung.

Knechte von vorausplanendem Wissen entließ er; Mägde von handsamer Menschlichkeit entfernte er. Die Tumben und Plumpen ließ er bei sich wohnen; von den Wankenden und Schwankenden ließ er sich bedienen. Und als er drei Jahre so verweilt hatte, trug das Getreide von Winkelbrink üppigste Frucht.

Dschuang-dse

Der Heilige Mensch:

Nicht durch den Himmel in Not;
Nicht von den Dingen geknechtet;
Nicht von den Menschen geächtet;
Nicht von den Geistern bedroht.
Gleichsam ein Schwimmen ist sein Leben,
Sein Tod ein Sich-zur-Ruh-Begeben.
Ist ohne Klügelsinn,
Ist ohne Plan und Streben;
Ist voller Glanz, doch ohne grellen Lichts.
Du kannst ihm glauben, doch verspricht er nichts.
Im Schlafe bleibt er ohne Traum;
Im Wachen hat er Sorgen nicht.
Sein Geist ist unverfälscht und klar;
Die Seele bleibend immerdar.
Von allem leer, von nichts bewegt, in Frieden,
Trägt er des Himmels Tucht in sich.

Dschuang-dse

Gi Sing-dse zog einen Kampfhahn auf für den König Süan von Dschou.
Nach zehn Tagen fragte dieser: »Kann der Hahn schon kämpfen?«
Er sagte: »Noch nicht. Er ist zur Zeit noch eitel und anmaßend.«
Nach weiteren zehn Tagen fragte der König wiederum. Jener sagte: »Noch nicht. Er reagiert noch auf jeden Schatten und jeden Laut.«
Nach weiteren zehn Tagen fragte der König wieder, und er sagte: »Noch nicht, er hat noch einen hastigen Blick und einen überschwenglichen Geist.«
Nach abermals zehn Tagen fragte der König noch einmal, und er sagte: »Nun ist es soweit. Mögen andere Hähne krähen, er zeigt keine Veränderung. Betrachtet man ihn, gleicht er einem Hahn aus Holz: Seine Tugend ist völlig. Andere Hähne werden nicht wagen, ihn anzunehmen, sie werden davonlaufen.«

Liä-dse

Meister Yän sagte: »Schön fürwahr haben es die Alten mit dem Tode gehalten: Für den Mitmenschlichen bedeutet er ein Ausruhen; für den Nicht-Mitmenschlichen bedeutet er Unterwerfung.
Das, was wir Tod nennen, ist eine Grenzüberschreitung der inneren Tucht. Im Altertum nannte man die Sterbenden Heimkehrende. Nun, wenn man die Sterbenden als Heimkehrende bezeichnet, dann sind die Lebenden Reisende. Wer auf Reisen nicht weiß, ob er heimkehren wird, ist einer, der sein Zuhause verloren hat. Wenn ein Mensch sein Zuhause verliert, mißbilligen das die Zeitgenossen. Wenn aber die Welt ihr Zuhause verliert, mißbilligt das keiner.«

Liä-dse

Ein Mann aus Tsin, Herr Pang, hatte einen Sohn, der war als Kind noch verständig gewesen, aber herangewachsen litt er an geistiger Verwirrung. Wenn er Singen hörte, hielt er es für Klagegeheul; wenn er Weißes sah, hielt er es für schwarz; roch er Weihrauch, hielt er ihn für Gestank; kostete er Süßes, hielt er es für bitter; tat er Falsches, hielt er es für richtig. Kurzum, was immer er dachte, Himmel und Erde, die Vier Weltgegenden, Wasser, Feuer, Kalt und Warm, nichts, das er nicht ins Gegenteil verkehrt hätte.

Ein Herr Yang sagte zum Vater: »Der Edelmann aus Lu [Konfuzius], der in so vielen Künsten bewandert ist, könnte der Krankheit vielleicht ein Ende machen. Warum fragst du ihn nicht einmal?«

So reiste der Vater nach Lu. Als er durch Tschen kam, begegnete er dem Lao Dan und berichtete ihm den Fall seines Sohnes. Lao Dan sagte:

»Woher weißt du, daß dein Sohn verwirrt ist? Heutzutage sind alle Menschen auf der Welt im Zweifel, was richtig oder falsch ist, tappen im Dunkeln, was nützlich oder schädlich sei. Nur weil so viele an derselben Krankheit leiden, bemerkt sie keiner. Abgesehen davon: Die Wirrheit eines einzelnen reicht nicht aus, die ganze Familie

umzuwerfen; die Wirrheit einer einzigen Familie reicht nicht aus, das ganze Dorf umzuwerfen; die Wirrheit eines einzigen Dorfes reicht nicht aus, das ganze Land umzuwerfen; die Wirrheit eines einzigen Landes reicht nicht aus, die ganze Welt umzuwerfen. Wenn die ganze Welt verwirrt ist, wer wird sie da noch wirr nennen? Angenommen, die Menschen der ganzen Welt empfinden wie dein Sohn, dann bist du deinerseits der Verwirrte.
Trauer und Freude, Ton und Farbe, Geruch und Geschmack, Richtig und Falsch, wer könnte sie bestimmen? Zudem: es steht ja gar nicht fest, daß meine Worte nicht auch verwirrt sind.
Vor allem aber ist der Edelmann aus Lu der Verwirrten Obermeister. Wie könnte der die Verwirrung anderer kurieren? Wirf deinen Reiseproviant weg! Am besten, du tummelst dich, nach Hause zu kommen.«

Liä-dse

Vollkommenes wird zerstört;
Großes wird schwinden.
Scharfes wird abgefeilt;
Geehrtes wird Schande finden.
Das Gerade wird gebeugt;
Vereintes wird auseinandergerissen;
Geliebtes wird abgetan.
Befeindet werden, die viel wissen.
Aber die Dummen werden geprellt –:
Was wäre gewiß auf dieser Welt?

Frühling und Herbst der Lü-Familie

Der höchste Schmack läßt unbeglückt;
Das höchste Wort ist ungeschmückt.
Es lacht die höchste Freude nie;
Nie lärmt die höchste Melodie.
Der große Schreiner beitelt nicht;
Der große Koch zerschneidet nicht;
Der große Kämpfer streitet nicht.

Huai-nan-dse

Der Berg erzeugt Metall:
Sich selber nun durchwühlt er.

Der Baum erzeugt Gewürm:
Sich selbst zum Fraß empfiehlt er.

Der Mensch erzeugt Geschäfte:
Sich selber nun bestiehlt er.

Huai-nan-dse

Wann immer sich das Unheil naht:
O Mensch, du zogst es selbst dir zu!
Wann immer sich der Segen naht:
Der ihn sich schuf, o Mensch, bist du!
Durchs gleiche Tor tritt Unheil ein und Segen;
Gewinn und Schaden: nachbarlich gelegen.
Außer dem göttlich-heiligen Mann
Ist keiner, der sie trennen kann.

Huai-nan-dse

Wer es versteht, sein Leben zu nähren, ist rein, leer, still und gelassen. Er »macht klein sein eigen und karg seine Süchte«. Er weiß, daß Name und Rang seine Tugend verletzen; darum macht er sich nichts aus ihnen. Er weiß, daß die reichen Genüsse seiner Natur schaden; darum verwirft er sie.
Da die äußeren Dinge sein Herz binden, existieren sie für ihn nicht. Nur Geist und Lebensodem in ihrer ungetrübten Helle manifestieren sich in ihm. Frei und ledig, hat er nicht Kummer und Sorge; von heiterer Ruhe, hat er kein Verlangen und Trachten. Er wahrt sich durch Eins-Sein, nährt sich durch Harmonie. Und wenn er täglich zunimmt an Harmonie, schwingt er mit in der großen Ordnung. Erst dann sättigt er sich mit den Dämpfen des Götterpilzes, feuchtet sich mit süßem Quellwasser, trocknet sich im Sonnenlicht des frühen Morgens, beschwichtigt sich mit den fünf Saiten der Zither. Durch Nicht-Tun findet er seinen Frieden. Sein Leib wird subtil, sein Sinn mystisch. Erst wenn er seine Freuden vergißt, wird sein Glück vollständig; erst wenn er sein Leben dahintenläßt, wird sein Selbst dauern.

Hi Kang

III

Zen-buddhistische Weisheit

Wahrlich, das Aufkommen von Sprache und Spur ist der Grund, warum sich unsere Pfade trennen. Denn die Sprache hat etwas Unaussprechliches, und die Spur hat etwas nicht Erspürbares.
Darum: Ein Sprecher, der sich aufs Sprechen versteht, sucht eben das, was Sprache nicht aussprechen kann; und ein Spürer, der sich aufs Spüren versteht, folgt eben dem, was nicht durch Spuren erspürbar ist. Die höchste Wahrheit nämlich ist leer und unergründlich.

Der Mönch Dschao

Der höchste *Weg* ist gar nicht schwer;
Nur mag er nicht das Wählen und das Klauben.
Erst wenn du nicht mehr liebst und haßt,
Wird er sich zeigen, strahlend hell.

Willst du, daß er sich offenbare,
Verharre nicht beim Für und Wider:
Im Streit des Für und Wider liegt
Die ganze Krankheit unseres Geistes.

Wer sich des Seins enthebt, versinkt im Sein;
Wer folgt dem Nichts, kehrt ihm den Rücken.

Das Größte ist dem Kleinsten gleich;
Nur darfst du keine Grenzen sehen.
Das Sein ist Nichtsein,
Nichtsein eben Sein.
Eines ist alles, alles eins.
Dem Geist vertraun, das heißt: es gibt nicht zweierlei.
Es gibt nicht zweierlei, das heißt: dem Geist vertraun.
Und wenn die Worte brechen ab,
Wird nichtig, was da war,
Was kommt und was besteht.

Der Mönch Tsan

Die Lehre jenseits aller Schriften,
Nicht aufgebaut auf Text und Zeichen,
Weist geradehin ins Menschenherz:
Da schau dein Wesen, daß du Buddha werdest!

Leitspruch des Zen

Das »Siebengestreifte« des Yün-men

Yün-men sagte: »Die Welt ist derartig weit – wozu dann zieht ihr, wenn die Glocke läutet, euer Siebengestreiftes an?«

Erläuterung

Beim Üben der Meditation und beim Lernen des *Weges* ist es grundsätzlich verboten, Tönen und Farben zu folgen. Daß einer beim Hören eines Geräusches zur Erleuchtung gelangt oder sein Bewußtsein hell wird beim Erblicken einer Farbe, kommt vor. Höchst unbekannt aber, daß ein Mönch im Flickengewand sich der Töne bedient und sich in Farben hüllt.

Wie dem auch sei – aber sag mir: Kommt der Ton zum Ohr, oder geht das Ohr zum Ton? Wenn Echo und Stille beide vergessen sind, wie kommen wir durch Worte zum Verstehen? Solange wir mit dem Ohr hören, ist das Verstehen schwierig; doch wenn wir mit dem Auge den Ton hören, dann werden wir vertraut.

Der Gesang

Wenn du verstehst,
  sind eins die tausend Dinge.
Doch wenn du nicht verstehst,
  sind sie verschieden alle.
Auch wenn du nicht verstehst,
  sind eins die tausend Dinge.
Und auch, wenn du verstehst,
  sind sie verschieden alle.

Wu-men Hui-kai

»Das tägliche Sinnen und Trachten« des Nan-tsüan

Nan-tsüan wurde von Dschao-dschou gefragt: »Was ist der *Weg*?«
Nan-tsüan sagte: »Das tägliche Sinnen und Trachten ist der *Weg*.«
Dschou sagte: »Muß man sich ihm zuwenden oder nicht?«
Tsüan sagte: »Je mehr du dich ihm zuwendest, desto mehr entfernst du dich von ihm.«
Dschou sagte: »Wie kann ich dann wissen, ob es der *Weg* ist?«
Tsüan sagte: »Der *Weg* hat nichts mit Wissen zu tun und nichts mit Nichtwissen. Wissen ist Täuschung, Nichtwissen ist unerheblich. Wenn einer wirklich zum unbezweifelbaren *Weg* gelangt, gleicht das der größten Leere, dem Grenzenlosen und Abgründigen. Wie könnte man da von Richtig und Falsch sprechen?«
Bei diesen Worten wurde Dschou plötzlich erleuchtet.

Der Gesang

Im Frühling gibts die hundert Blumen,
den Mond zur Herbsteszeit.
Im Sommer gibts die kühlen Winde,
den Schnee, wenn Winter schneit.
Die guten Tage sind gekommen
auch für die Menschenwelt,
Sobald von allen eitlen Dingen
sie hat ihr Herz befreit.

Wu-men Hui-kai

»Weder Wind noch Fahne«

Vom Sechsten Patriarchen wird berichtet:
Der Wind ließ einmal die Klosterfahne flattern. Es waren zwei Mönche, die darüber eine Disputation begannen. Der eine sagte: »Die Fahne bewegt sich«, der andere: »Der Wind bewegt sich.« So ging das hin und her, ohne daß der Disput ein Ende gefunden hätte.
Da sagte der Patriarch: »Nicht der Wind bewegt sich noch die Fahne. Euer Bewußtsein bewegt sich.«
Die beiden Mönche zuckten vor Schreck zusammen.

Erläuterung

Nicht der Wind bewegt sich, nicht die Fahne bewegt sich, nicht das Bewußtsein bewegt sich. Woran erkennt man den Patriarchen? Wenn du das genau begreifst, wird dir klar werden, daß die beiden Mönche Eisen kaufen wollten und Gold bekamen. Der Patriarch aber hat seinem Mitleid nicht gewehrt. Die ganze Szene ein Larifari.

Der Gesang

Wind, Fahne, dein Bewußtsein sind bewegt.
Die Schuld des Irrtums aber liegt bei allen.
Wir wissen nur, daß aufgeht unser Mund;
Wir merken nicht, daß wir durch Worte fallen.

Wu-men Hui-kai

Des Patriarchen Ma »Herz und Sinn«

Der Patriarch Ma wurde von Da-me gefragt: »Was ist der Buddha?«
Der Patriarch sagte: »Dein Herz und Sinn ist Buddha.«

Erläuterung

Wer das sofort begreift, trägt Buddhas Kleid, ißt Buddhas Speisen, spricht Buddhas Sprache, wandelt auf Buddhas Wegen, kurz, er ist Buddha. Nichtsdestoweniger hat Da-me viele Menschen verführt, das Gewicht der Waagschale mit dem der Ware zu verwechseln. Er machte sich nicht klar, daß, wenn wir das Wort »Buddha« aussprechen, wir drei Tage lang den Mund ausspülen müssen. Wäre er ein ganzer Kerl gewesen, er hätte sich bei dem Satz »Dein Herz und Sinn ist Buddha« die Ohren zugehalten und wäre weggelaufen.

Der Gesang

Wenn blau der Himmel, licht die Sonne,
Ist alles Suchen unerlaubt.
Wer trotzdem fragt, was Buddha sei,
Der ruft »Ein Räuber!«, wenn er raubt.

Wu-men Hui-kai

Des Patriarchen Ma »Nicht Buddha«

Der Patriarch Ma wurde von einem Mönch gefragt: »Was ist der Buddha?«
Der Patriarch sagte: »Nicht Herz und Sinn, nicht Buddha.«

Erläuterung

Wenn jemand das einsieht, ist sein Üben der Meditation beendet.

Der Gesang

Triffst einen Schläger du, zeig ihm dein Schwert!
Triffst keinen Dichter du, laß dein Gedicht!
Drei Teile sag nur, wenn du Menschen triffst –
Den einen, letzten Teil gib ihnen nicht!

Wu-men Hui-kai

Das »Weder mit Reden noch mit Schweigen« des Wu-dsu

Wu-dsu sagte: »Wenn du auf der Straße einem Mann begegnest, der zum *Weg* gelangt ist, sollst du ihm weder mit Reden noch mit Schweigen Antwort geben. Sag mir: Wie willst du ihm antworten?«

Erläuterung

Wenn jemand auf diese Frage eine treffende Antwort weiß, kann man ihm nur gratulieren. Wenn er noch nicht so weit ist, muß er überall sein Auge schweifen lassen.

Der Gesang

Dem Meister, der zum *Weg* gelangt,
Erwidre weder schweigend noch beredt.
Hau mit der Faust ihm auf das Kinn!
Nur der, der gleich versteht, versteht.

Wu-men Hui-kai

Wer ist der andere?

Der Lehrer-Patriarch Yän vom Ostberg sagte: »Shākya und Maitreya sind noch die Sklaven eines anderen.« Sage mir: Wer ist dieser andere?

Erläuterung

Wenn du den anderen klar erkennst, ist das, wie wenn du an der Straßenkreuzung plötzlich deinem Schwiegerpapa begegnest: Du brauchst keine Fremden zu fragen, ob er es ist oder nicht.

Der Gesang

Spanne nicht des andren Bogen!
Reite nicht des andren Pferd!
Des andern Fehl sei nicht beredet,
Des andern Tun nicht wissenswert.

Wu-men Hui-kai

Der große *Weg* ist ohne Tor;
Wer Straßen geht, ist fehlgeleitet.
Geborgen, wer durchstieß die Schranken
Und einsam durch das Weltall schreitet.

Ein Wort kann nicht die Sache zeigen;
Ein Satz kann treffen nicht den Geist.
Wer Worte hinnimmt, ist verloren;
Verstopft, wer sich von Sprüchen speist.

Wu-men Hui-kai

Nie geboren wird das Leere;
Leeres kein Vergangen kennt.
Wenn du freund dem Leeren wurdest,
Seid ihr beide nie getrennt.

Nichts, nichts, nichts, nichts, nichts.
Nichts, nichts, nichts, nichts, nichts.
Nichts, nichts, nichts, nichts, nichts.
Nichts, nichts, nichts, nichts, nichts.

Wu-men Hui-kai

IV

Weisheit im Gedicht

Die Grillen sind im großen Saal.
Das Jahr geht auf das Ende schon.
Wenn wir nicht heute fröhlich feiern,
Sind Tag und Monde rasch entflohn.
Indessen seid nicht ausgelassen,
Bedenket eure Stellung gut!
Kein Übermut darf euch erfassen:
Ein Rittersmann bleibt auf der Hut.

Die Grillen sind im großen Saal.
Das Jahr geht auf das Ende zu.
Wenn wir nicht heute fröhlich feiern,
Sind Tag und Monde fort im Nu.
Indessen seid nicht ausgelassen,
Das Urteil draußen sei bedacht!
Kein Übermut darf euch erfassen:
Ein Rittersmann bleibt auf der Wacht.

Die Grillen sind im großen Saal.
Die Kriegsgefährte müßig stehn.
Wenn wir nicht heute fröhlich feiern,
So werden Tag und Monde gehn.
Indessen seid nicht ausgelassen,
Bedenklich seid und ängstlich seid!
Kein Übermut darf euch erfassen:
Ein Rittersmann wahrt Würdigkeit.

Sieh dort die Maus: sie hat ein Fell.
Ein Mann, der kein Benehmen hat,
Ein Mann, der kein Benehmen hat,
Am besten wär's, er stürbe schnell!

Sieh dort die Maus: sie hat auch Zähne.
Doch wenn kein Halten hat der Mann,
Doch wenn kein Halten hat der Mann,
Am besten wär's, er stürbe dann!

Sieh dort die Maus: sie hat auch Glieder.
Wer keine Furcht hat vorm Gebot,
Wer keine Furcht hat vorm Gebot,
Am besten wär's, er wäre tot!

Buch der Lieder

Behutsam regt der Hase sich;
Doch der Fasan eilt in die Schlingen.
In meines Lebens erster Zeit
Gab es noch kein Vollbringen.
In meines Lebens späten Tagen
Trifft hundertfach mich nun Beschwer –
O schlief' ich ein und rührte mich nicht mehr!

Behutsam regt der Hase sich;
Ins Garn muß der Fasan geraten.
In meines Lebens erster Zeit
Gab es noch keine Taten.
In meines Lebens späten Tagen
Trifft mich die Sorge hundertfach –
O schlief' ich ein und würde nicht mehr wach!

Behutsam regt der Hase sich;
Doch in das Netz eilt der Fasan.
Hab in des Lebens erster Zeit
Noch keinen Dienst getan.
In meines Lebens späten Tagen
Trifft hundertfach mich nun Gefahr –
O schlief' ich ein und nähme nichts mehr wahr!

Buch der Lieder

Von Süden bläst ein milder Wind
Ins Herz des Dornenbaums hinein.
Jung ist das Herz des Dornenbaumes,
Doch groß der Mutter Plag und Pein.

Von Süden bläst ein milder Wind
Wohl in des Dornenbaums Geflecht.
Die Mutter ist so gut, so weise,
Doch unter uns kein Mensch, der recht.

Dann ist da noch ein kalter Quell,
Der unter Sün's Gemäuer zieht.
Und es sind da der Söhne sieben,
Für die sich Mutter plagt und müht.

Anmutig sind die gelben Vögel;
Ihr Lied erhebt sich himmelwärts.
Und es sind da der Söhne sieben;
Sie trösten nicht das Mutterherz.

Buch der Lieder

Im Berg ist der Tann,
Und Ulmen sind auf dem Plan.
Bei dir sind Kleider und Roben viel,
Die trägst du nicht, die ziehst du nicht an.
Bei dir sind Pferde, sind Wagen schnell,
Die treibst du nicht, die schirrst du nicht an.
Und wenn der Tod ein Ende setzt,
Freut sich ein andrer Mensch daran.

Im Berg sind Föhren,
Im Tal sind Vogelbeeren.
Bei dir sind Hallen und Höfe viel,
Die läßt du nicht netzen, die läßt du nicht kehren.
Bei dir sind Pauken und Glocken hell,
Die läßt du nicht rühren, die läßt du nicht hören.
Und wenn der Tod ein Ende setzt,
Wird alles einem andern gehören.

Im Berg ist der Firnisbaum,
Kastanien sind im Tal.
Bei dir sind Wein und Speisen im Raum:
Warum füllst du nicht Becher und Schal',
Machst dir bei festlichem Saitenspiel
Nicht Tag um Tag ein dauerndes Mahl?
Denn wenn der Tod ein Ende setzt,
Dann geht ein andrer in deinen Saal.

Buch der Lieder

Beim Wein

Der *Weg*: verloren schon seit tausend Jahren;
Sein wahres Fühlen hält der Mensch zurück.
Sie haben Wein und wollen doch nicht trinken;
Nur an den Tagesruhm hängt sich ihr Blick.

Warum so hoch wir schätzen unser Selbst,
Hat diesen Grund: daß wir nur einmal leben.
Dies eine Leben aber, dauerts lang?
Es gleicht dem Blitz, vor dem wir kurz erbeben.

Nicht hundert Jahre währt die ganze Pracht –
Was soll es frommen, ihr sich hinzugeben?

Tao Yüan-ming

Beim Wein

Im Garten steht ein grüner Kiefernbaum,
Sein schlanker Wuchs von Kräutern dicht
verdeckt.
Doch wenn der Reif zerstört die fremden
Pflanzen,
Siehst droben du die Zweige stolz gereckt.

Ein Baum bleibt unbemerkt im Waldverbande;
Zum Wunder macht ihn erst die Einsamkeit.
An seinen kalten Ast häng ich die Kanne,
Blick in die Ferne hin von Zeit zu Zeit.

Da lebend wir in Traum und Trug uns finden:
Wozu soll uns die staubige Fessel binden?

Tao Yüan-ming

Dem Hofintendanten Dschang
als Gegengabe

O Lebens Neige, nur noch lichte Stille.
Kein Ding der Welt mehr, das mein Herz
beschwert.
Von lang erwogenen Plänen ließ der Wille.
In meine Wälder bin ich heimgekehrt.

Ein Wind aus Kiefern löst des Gürtels Band,
Und auf der Zither glimmt des Berges Mond.
Wenn du mich fragst, ob dieses Leben lohnt,
Dann horch: das Lied des Fischers überm Sand ...

Wang We

An einem Frühlingstag sich aus dem Rausch erhebend

»Das Leben hier gleicht einem großen Traum« –
Wozu dann noch die Hast, die Plagen alle?
Und drum bin ich berauscht den ganzen Tag,
Bis ich am Vordachpfosten niederfalle.

Wenn aufgewacht, äug ich im Hof umher:
Da steht ein Blütenbaum, ein Vogel singt.
Wie das? Welch Jahreszeit mag heute sein?
Mit den Pirolen spricht der Frühlingswind.

Ich bin bewegt und möchte seufzen, klagen
Und bin dem Wein schon wieder zugesellt.
Lauthals sing ich ein Lied, den Mond erwartend.
Nun endet es, und ich vergaß die Welt.

Li Tai-bo

Reinigung

Wenn du dich wuschest in Lavendelwasser,
klopf nicht die Mütze aus!
Wenn du gebadet hast in Orchideenwasser,
schlag auch den Rock nicht aus!

Solang du lebest in der Welt,
vermeide allzu große Reine:
Der höchste Mensch
neigt sich vor dem verdeckten Scheine.

War einst ein Greis,
warf seine Angel in die blauen Wogen.
Ich wäre gern
mit dir zusammen heimgezogen.

Li Tai-bo

Einsam zechend

Die Frühlingsgräser am Fuße der prächtigen Halle
Leben und weben, als hätten sie Freude daran.
Mir weht der Ostwind Traurigkeit entgegen,
Da Weißhaar unvermerkt die Fäden spann.

Einsames Zechen: Ich trinke dem Schattenbild zu,
Während der Hain meine müßigen Lieder
vernimmt.
Was wißt ihr langen Kiefern schon von mir?
Für wen ist eure rauschende Klage bestimmt?

Es tanzt die Hand auf mondbeschienenem Fels;
Im Schoß, auf Blüten, liegt die Zither quer.
Und hab ich hinter mir den nächsten Becher,
Bin ich im All – dann bin ich selbst nicht mehr!

Li Tai-bo

Ich wandere zum Fong-siän-Kloster beim Drachentor

Vom Ort der Mönche war ich ausgegangen;
Am Ort der Mönche kehr zur Nacht ich ein.
Aus dunklem Tal rauscht Orgelton des Leeren,
Und klare Schatten wirft der Mond im Hain.

Vorm Himmelstor, dicht bei Planet und Sternen,
Lieg ich im Wolkenbett, die Kleider kalt.
Und halb erwacht, hör ich die Morgenglocke:
Geheiß, mich selbst zu prüfen, das da hallt.

Du Fu

Zum Ochsenkopf hinan

Den grünen Bergen galt mein ganzes Sinnen.
Den Ochsenkopf erklomm ich Stück um Stück.
Nichts gibt es da, das mich bedrängen könnte;
Vollkommen wogt in mir das Wanderglück.

Ein Kloster still, in feuchter Frühlingsblüte;
Der Teich, versteckt von lichten Bambuswänden.
Und irgendwo singt schmetternd ein Pirol.
Die Zeit verstreicht. Doch er will nimmer enden.

Du Fu

An die Jugend

Nicht dürft ihr den alten Krug aus Ton
  im Hause des Bauern verhöhnen:
Seitdem mit Wein er wurde gefüllt,
  erwuchsen Söhne den Söhnen.
Silbernes neigen, aus Jade kredenzen
  kann nur das Auge erregen.
Am Ende haben denselben Rausch,
  die an den Schäften des Bambus lehnen.

Du Fu

Verdeckte Spuren I

Einfältig geh den eignen Weg ich hin.
Mein Haus liegt menschenfern, doch nah den
Dingen:
Der Maulbeerbaum, der Hanf hängt regenschwer;
Die Schwalbenbrut im Nest regt bald die
Schwingen.

Im Dorf von Zeit zu Zeit ein Paukenschlag.
Ein Fischerboot folgt in der Bahn des andern.
Auf meinen Stock gestützt, sinn ich dem Altern
nach –
Mein Herz blieb rein, und auch die Spur von
meinem Wandern.

Du Fu

Verdeckte Spuren II

Erst spät erheb ich mich: im Hause nichts zu tun.
Von Frieden ist die Stätte stets erfüllt.
Die wüsten Felder säumt des Bambus Leuchten;
Im Flusse schwebt der Hütte Spiegelbild.

Die Kinder sind beim Lernen faul. Was machts?
Vergrämt die Frau, weil uns die Not nie fremd.
Ich will im Rausch hinbringen hundert Jahre.
Schon einen Monat bin ich ungekämmt.

Du Fu

Beim Fortschaffen eines Rankgestells

Aus der Verschnürung längst gelöst die Scheite;
Die Kürbisblätter liegen wirr verstreut.
Ein Glück: es haben weiß geblüht die Pflanzen;
So schafft man fort die Ranken ungescheut.

Die Grille singt wie stets ihr herbstlich Lied;
Doch was denkt nun der Spatz, der nachts gehockt da drinnen?
Trostlos die Dinge jetzt zur kalten Zeit.
Auch unser Leben, einmal war's Beginnen.

Du Fu

Die schlechten Bäume

Wann immer ich mein Studio still umkreise,
Trag ich ein kleines Beil an seinem Stiele:
Nur Schatten noch, wirr ineinander greifend.
Da fällt manch schlechter Baum. Es bleiben viele.

Den Laubenbuchs will ich mir gern erhalten;
Doch für den Dreidorn ist es höchste Zeit.
Hier hab ich es erkannt: Was nicht zu brauchen,
Das wächst und wächst, und immer macht sich's
breit.

Du Fu

Abend

Auf meinen Stock gestützt durch abendliche
Gassen;
Den Rücken wärmt der nahen Mauern Glut.
Ein Sonderling, weltfern, so scheints den Leuten;
Ich aber weiß, auch Einfalt ist ein Gut.

Der Schultheiß kann vom Kaiserhof berichten;
Die Dörfler machen mir das Pflügen vor.
Zum sichern Nest sind heimgekehrt die
Schwingen.
Die Kerze brennt. Auch ich verschließ mein Tor.

Du Fu

Ich suche am Südbach den Daoisten Tschang

Wohin ich kam auf meinem langen Weg,
Sah ich im Moos den Abdruck deiner Tritte.
Auf deinem Werder ruht die Wolke weiß;
Duftende Gräser verschließen das Tor deiner
Hütte.

Ein Regen ließ die Farbe der Kiefern erglühn.
Ich fand den Quell, nachdem ich die Berge
durchmessen.
Der Bach, die Blüten, der frommen Versenkung
Gefühl –
In ihrem Bann kannst du die Worte vergessen.

Liu Dschang-king

Gleichnisworte

Wer sagt, daß Berge nur das Krumme lieben?
Verschmähn sie doch die gerade Kiefer nicht.
Wer sagt, daß Sand und Schlamm den Gießbach
trüben?
Strahlt doch so rein in ihm des Mondes Licht.

Ich hab ein Herz von Mond und Kiefern voll.
Die Menge stürmt voran mit Hagels Kraft.
Weiß nicht, was all das Buckeln, Beugen soll,
Da still Natur am Wahren, Lichten schafft.

Mong Giao

Zum Geleit des Mönches Yo

Mit Wissen, das zeitig erworben,
  kerkern wir selbst uns ein.
Wer gar nichts lernt, lebt lässig
  hoch in die Jahre hinein.

Du bist aus dem Hause geschieden,
  und wieder begleitet von Sorgen.
Wo fänden wir wirkliche Ruhe,
  wenn nicht im Tode geborgen?

Han Yü

Von der Bao-ying-Terrasse nach Norden blickend

Hier oben erst gewahren wir,
  wie klein der Menschen Kreise.
Vorm weiten All erst sehn wir ein,
  wie leer die bunte Welt.
Ich wandte mich und ging zurück,
  dem Hof, dem Markt entgegen,
Ein Körnchen Reis, das in die Tiefe
  der großen Scheune fällt.

Bo Gü-i

Ein Eremit der Mitte

»Der große Klausner lebt am Hof, am Markt;
Der kleine Klausner flieht auf Hügel, hinter
Hecken.«
Doch Hügel sind und Hecken allzu still;
Am Hof, am Markt wird der Tumult ihn
schrecken.

Ein Eremit der Mitte mußt du sein:
Versteckt als Amtsperson im Wartestand;
Scheinbar hervor-, scheinbar zurückgetreten,
Nicht müßig ganz, und auch nicht angespannt.

Da zwingt man weder Geist noch Körperkraft,
Und niemals hat man Hunger, hat man's kalt.
Ein volles Jahr gibts keine Staatsgeschäfte,
Doch jeden Monat gibt es ein Gehalt.

Wenn du das Land von oben willst betrachten:
Im Süden stehn die Berge herbstlich-bunt.
Wenn du begehrst, planlos umherzuwandern:
Im Osten lockt der Gärten Frühlingsgrund.

Und willst im Rausch du einmal dich verlieren,
So geh nur hin: sie feiern Fest auf Fest.

In Lo-yang sind der edlen Herrn gar viele,
Mit denen es sich heiter plaudern läßt.

Doch magst du lieber ruhn in hohen Träumen,
Zieh dich zurück und schieb den Riegel vor!
Dann kommt kein Fremder mehr mit Pferd und
Wagen,
Und keine Gäste drängeln sich am Tor.

Es lebt der Mensch in einer einzigen Welt;
Sein Dao wird völlig nie, wenn zweigeteilt:
Ist er gering, dann muß er darben, frieren;
Vornehm, wird er von Ungemach ereilt.

Nur jener Eremit der Mitte wird
Das Glück, zugleich den Frieden nicht verlieren.
Bedrängt, erfolgreich, üppig und frugal –
Der wahre Mensch weilt zwischen all den vieren.

Bo Gü-i

Beim Lesen des Lao-dse

Wer redet, ist kein Mensch, der weiß;
ein Wissender, der schweigt.
Vernommen hab ich diesen Satz;
Herr Lao hat ihn bezeugt.

Falls einer nun mir sagt, Herr Lao
sei doch ein weiser Mann,
Frag ich: Warum hat er verfaßt
fünftausend Worte dann?

Bo Gü-i

Das golddurchwirkte Kleid

Nicht soll dich kümmern, ich rate dir,
das golddurchwirkte Kleid.
Nur soll dich kümmern, ich rate dir,
die kurze Jugendzeit!

Solang die Blüten geöffnet sind,
mach dir die Blüte zu eigen!
Warte nicht, bis die Blüte vorbei
und du stehst vor kahlen Zweigen!

Du Tsiu-niang

Vom Schicksal vorbestimmt sind uns Geburt und
Tod
Und himmlisch zugeteilt Reichtum und Ehre.
Dies ist ein Wort aus hoher Ahnen Mund.
Doch weniger falsch ist das, was ich nun lehre:

Wer einsichtsvoll, der liebt ein kurzes Leben;
Der Einfaltspinsel nur will Ewigkeit.
Wer stumpf an Geist, ist reich an Gold und
Schätzen;
Ein Kerl, der hell im Kopf, hat keinen Deut.

Han-schan

Der alte Angler

Der alte Angler erwacht
Am Fluß zur Mittagszeit.
Sein Traum bricht ab. Fallende Blüten
  verwirbeln weit.

Kaum wach, ist er schon wieder trunken;
  trunken und wieder wach,
Das Heute der Menschen verlachend
  und ihre Vergangenheit.

Su Dung-po

Am Westsee spazierend

Der Nordberg ist so hoch von selber nicht:
Es ist mein Fuß, der macht ihn riesenhaft.
Und gibts den Westsee denn in Wirklichkeit?
Mein Auge ist es, das sein Bild erschafft.

Su Dung-po

Ganz allmählich

Zum Scherz an eine Mauer geschrieben

Der helle Mond steigt ganz allmählich höher:
Der blaue Berg wird ganz allmählich schmal.
Der Blütenzweig wird ganz allmählich röter:
Die Frühlingsfärbung ganz allmählich fahl.

Gehalt und Essen ganz allmählich reicher:
Die Zähne werden ganz allmählich rar.
Mehr Konkubinen hab ich ganz allmählich:
Sind ihrer Anmut ganz allmählich bar.

Wir gelten nichts in unsren besten Tagen;
Erst wenn wir nicht mehr jung, dann kommt das Glück.
Die Fee des Heils und ihre schwarze Schwester
Begleiten sich in jedem Augenblick.

Ja, Himmel ist und Erde voll von Lücken;
Das Menschenleben zeigt sich kunterbunt.
Wo könnten wir dann letzte Freude finden?
Frag den Daoistenmönch, verneigt zum Grund.

Yüan Hung-dao

V

Weisheit in der Anekdote

Dsou Gi maß mehr als acht Fuß, und auch sonst sah er blendend aus.
Eines frühen Morgens bekleidete er sich mit der Amtsrobe und Kappe. Er sah in den Spiegel und fragte seine Gattin: »Wer ist schöner, ich oder Herr Sü aus dem Norden der Stadt?« Seine Gattin sagte: »Ihr seid viel schöner. Wie käme Herr Sü an Euch heran?«
Nun war Herr Sü aus dem Norden der Stadt der schönste Mann im Lande Tsi. So bekam Gi Zweifel und fragte seine Nebenfrau: »Wer ist schöner, ich oder Herr Sü?« Seine Nebenfrau sagte: »Wie käme Herr Sü an Euch heran?«
Am nächsten Tag traf ein Gast von auswärts ein. Sie saßen zusammen und plauderten. Da fragte er: »Wer ist schöner, ich oder Herr Sü?« Der Gast sagte: »Herr Sü ist nicht so schön wie Ihr.«
Wiederum einen Tag später kam Herr Sü. Jener sah ihn genau an und fand, daß er selbst nicht so schön war. Er blickte in den Spiegel, betrachtete sich und merkte sogar, daß er bei weitem nicht so schön war.
Als er des Abends zu Bett gegangen war, dachte er bei sich: »Daß mein Weib mich schöner gemacht hat, geschah aus eigenem Interesse. Daß meine Nebenfrau mich schöner gemacht hat, geschah,

weil sie mich fürchtet. Daß der Gast mich schöner gemacht hat, geschah, weil er etwas von mir wollte.«
Darauf ging er zur Audienz bei König We. Er sagte: »Euer Diener weiß genau, daß er nicht so schön ist wie Herr Sü. Das Weib Eures Dieners hat an ihm ein eigenes Interesse. Des Dieners Nebenfrau fürchtet ihn. Eures Dieners Gast wollte etwas von ihm, und so haben alle ihn für schöner ausgegeben als Herrn Sü.
Nun ist Tsi ein Land von tausend Quadratmeilen mit einhundertundzwanzig Städten. Keine der Palastdamen und kein Mann des Gefolges, die nicht ein eigenes Interesse am König hätten. Kein Minister des Hofes, der den König nicht fürchtete. Niemand im ganzen Lande, der nicht vom König etwas haben wollte. Aus diesem Blickwinkel betrachtet, ist der König unerhört abgeschirmt.«
Der König sagte: »Ausgezeichnet.« Und er ließ folgende Weisung ergehen:
»Wer von den Ministern, Amtsleuten und Leuten des Volkes eine Verfehlung meiner Wenigkeit mir ins Gesicht sagen kann, erhält eine hohe Belohnung. Wer schriftlich meine Wenigkeit ermahnen kann, erhält eine mittlere Belohnung. Wer öffentlich mäkelt und hechelt, daß es meiner Wenigkeit zu Ohren kommt, erhält eine geringe Belohnung.«
Sobald die Weisung erlassen war, kamen die Un-

tertanen mit ihren Ermahnungen zur Audienz. An den Toren und in den Höfen ging es turbulent zu wie auf dem Marktplatz. Nach wenigen Monaten meldeten sie sich nur noch von Zeit zu Zeit. Nach Jahresfrist konnte keiner mehr etwas vorbringen, auch wenn er es gewollt hätte.
Als die Herrscher von Yän, Dschao, Han und We davon hörten, kamen sie zur Audienz nach Tsi.
Das nennt man »Seine Schlachten im Thronsaal gewinnen«.

Pläne der Kämpfenden Staaten

In Tschu gab es einen, der den Ahnen ein Opfer darbrachte. Dabei bekamen seine Gefolgsleute einen Becher des Weines.

Sie sprachen untereinander: »Für mehrere reicht der Trank nicht, für einen ist er genug. Laßt uns eine Schlange auf den Boden zeichnen: Wer zuerst fertig ist, bekommt den Wein.«

Einer, der mit seiner Schlange zuerst fertig war, nahm den Becher und war im Begriff, von ihm zu trinken. Während er den Becher mit seiner Linken hielt, zeichnete er mit der Rechten an seiner Schlange weiter und sagte: »Ich kann ihr auch noch Beine machen.«

Aber bevor er fertig war, hatte schon ein anderer seine Schlange vollendet. Er nahm jenem den Becher weg und sagte: »Eine Schlange hat doch keine Beine! Wieso kannst du ihr da Beine machen?«

Und er trank den Wein aus. Der, der seiner Schlange noch Beine gemacht hatte, verlor somit am Ende den Wein.

Pläne der Kämpfenden Staaten

In Sung gab es einen »Herrn mit den Affen«, der liebte die Affen und zog sie auf, bis es eine ganze Herde war. Er verstand es, die Gedanken der Affen zu erraten, und auch die Affen erfaßten, was ihr Herr im Sinn hatte. Er beschnitt sogar die Kost seiner eigenen Familie, um die Wünsche der Affen zu befriedigen.
Mit einemmal aber waren seine Vorräte am Ende. Er wollte das Futter kürzen, aber fürchtete, daß die Affen ihm nicht folgen würden. So täuschte er sie zunächst und sagte:
»Wenn ich euch morgens drei Bündel Heu gebe und abends vier, wird das genügen?« Da sprangen die Affen auf und waren wütend.
Schnell sagte er: »Und wenn ich euch morgens vier Bündel gebe und abends drei, würde das genügen?«
Da legten sich die Affen wieder hin und waren glücklich.

Liä-dse

Der Sproß einer Familie aus dem nördlichen Yän war daselbst geboren, aber im südlichen Tschu aufgewachsen. Alt geworden, wollte er in das Land seiner Väter zurückkehren.
Als er durch das Land Dsin kam, hielt ein Mitreisender ihn zum besten. Er zeigte auf eine Stadt und sagte: »Das dort ist die Hauptstadt von Yän.« Der Mann wurde rot vor Erregung. Jener zeigte auf einen Altar und sagte: »Das dort ist der Altar deines Heimatdorfes.« Da tat er einen tiefen Seufzer. Jener zeigte auf ein Häuschen und sagte: »Das dort ist die Hütte deiner Vorfahren.« Da fing er bitterlich zu weinen an. Jener zeigte auf einen Grabhügel und sagte: »Das dort sind die Gräber deiner Vorfahren.« Da schluchzte der Mann laut, ohne sich Einhalt gebieten zu können.
Der Mitreisende lachte schallend auf und sagte: »Ich habe dich die ganze Zeit über gefoppt. Dies ist nur Dsin.«
Der Mann schämte sich gewaltig. Als er nach Yän kam und wahrhaftig Hauptstadt und Altar von Yän sah, wahrhaftig Hütte und Grabhügel der Vorfahren sah, da war seine Herzenstrauer sehr viel bescheidener geworden.

Liä-dse

Es gab einen Mann, der seine Axt verloren hatte. Er dachte an den Sohn des Nachbarn und beobachtete ihn: Sein Gang war der eines Axtdiebes; seine Miene war die eines Axtdiebes; sein Reden war das eines Axtdiebes: Nichts in seinem Tun und Gehaben, was nicht das eines Axtdiebes gewesen wäre!
Plötzlich, beim Ausheben einer Grube, fand der Mann seine Axt wieder. Als er am nächsten Tag den Sohn seines Nachbarn sah, glich in dessen Tun und Gehaben nichts mehr einem Axtdieb.

Liä-dse

Meister Kung besichtigte den Ahnentempel des Herzogs Huan von Lu. Da gab es ein Gefäß, das schief in der Neige hing. Er fragte: »Was ist das für ein Gefäß?« Der Tempelhüter antwortete: »Das ist ein Warngefäß für den Herrscher.«
Meister Kung sagte: »Ich habe gelernt, mit einem Warngefäß ist das so: Wenn leer, hängt es schief, wenn halb gefüllt, hängt es aufrecht, wenn voll, kippt es um.« Meister Kung blickte hinter sich und sprach zu seinen Schülern: »Gießt einmal Wasser hinein!« Halb gefüllt, hing es aufrecht; voll, kippte es um; leer, hing es schief in der Neige.
Da seufzte Meister Kung tief und sagte: »Ach, könnte es sein, daß das Erfüllte nicht fällt?« Dse-lu sprach: »Darf ich fragen, ob es einen Weg gibt, daß man das Erfüllte halten kann?«
Meister Kung sagte: »Intelligenz und Weisheit, die wahre man durch Torheit. Leistungen, die die Welt erreichen, wahre man durch Demut. Tapferkeit und Stärke, die man den Zeitgenossen angedeihen läßt, die wahre man durch Ängstlichkeit. Reichtum, dem alles innerhalb der Vier Meere gehört, ihn wahre man durch Bescheidenheit. Dies ist der sogenannte Weg des Minderns durch Abgießen.«

Sün-dse

Fürst Wen von We hatte sich bei den Wildhütern zur Jagd angesagt. Am nächsten Tag wütete ein Sturm. Die Höflinge wollten den Fürsten zurückhalten, doch der hörte nicht auf sie und sprach: »Wegen eines Sturmes darf man nicht die Glaubwürdigkeit verlieren. Wir wenigstens machen das nicht.«
Und er begab sich hinaus, selbst den Wagen lenkend. Dem Wind entgegengestemmt, schickte er die Wildhüter nach Hause.

Han Fe-dse

Unter den Leuten von Ying war einer, der einen Brief an den Staatskanzler von Yän richten wollte. Er schrieb des Nachts, und das Feuer war nicht hell. So sagte er zu dem Diener, der die Kerze hielt: »Die Kerze höher!«, und versehentlich schrieb er: »Die Kerze höher!«
Das hatte natürlich mit dem Sinn des Briefes nichts zu tun, aber der Staatskanzler von Yän freute sich, als er den Brief erhalten hatte. Er sprach: »Die Kerze höher! bedeutet: Mehr Helligkeit! Mehr Helligkeit heißt, daß man die Würdigen erhebt und mit einem Amt betraut.«
Der Kanzler von Yän unterbreitete dies dem König, und der war hocherfreut. In der Folge ward das Land wohlgeordnet, ob nun die Ordnung der Sinn des Briefes gewesen war oder nicht.
Genau so geht das heute bei der Schriftauslegung durch die Gelehrten.

Han Fe-dse

Unter den fahrenden Gelehrten gab es einen, der den König von Yän die Kunst der Unsterblichkeit lehren wollte. Der König entsandte einen Mann, die Kunst bei ihm zu lernen. Er hatte sein Studium noch nicht beendet, als der fahrende Gelehrte starb. Der König geriet in Zorn und bestrafte den, der beim Lernen so langsam gewesen war.

Han Fe-dse

Unter den Leuten von Sung gab es einen, der Wein verkaufte. Seine Schankmaße waren ehrlich, seine Behandlung der Kunden sehr aufmerksam; der Wein war bestens zubereitet und das Banner hoch aufgehängt. Trotzdem ließ der Verkauf sich nicht an, und der Wein wurde sauer.
Er wunderte sich darüber und fragte den Dorfältesten Yang Dsing, mit dem er bekannt war. Der sagte: »Es liegt daran, daß dein Hund so wild ist.« Jener: »Was hat das mit dem Verkauf zu tun, wenn der Hund wild ist?« Er: »Die Leute haben Angst vor ihm. Wenn einer sein Kind zum Weinkaufen schickt, das Geld in der Tasche und den Krug in der Hand, springt der Hund es an und beißt es. Das ist der Grund, warum der Wein sauer und nicht verkauft wird.«
Nun hat auch der Staat seine Hunde. Da gibt es Männer von Moral, ihre Staatskunst in der Tasche, und möchten damit einen Herrscher von zehntausend Streitwagen aufklären. Doch die Minister laufen ihnen wie wilde Hunde entgegen und beißen sie. Das ist der Grund, warum ein Herrscher abgeschirmt und eingeschüchtert ist, während die Männer mit Moral nicht eingestellt werden.

Han Fe-dse

Meister Mo schuf einen hölzernen ›Falken‹. Nach drei Jahren war er vollendet, nach einem Tag zerbrochen.
Ein Schüler sagte: »Eure Kunstfertigkeit, Meister, hat einen Grad erreicht, daß Ihr vermögt, einen hölzernen Falken fliegen zu lassen!«
Meister Mo sagte: »Meine Kunstfertigkeit ist nicht so groß wie die des Mannes, welcher den Pflock für das Ochsenjoch am Wagen macht. Er braucht ein Holz von kaum einem Fuß Länge und verwendet nicht einmal einen Morgen Arbeit darauf. Aber der Pflock zieht eine Last von dreißig Tonnen, taugt für die weitesten Wege und hält mehrere Jahre. Jetzt habe ich für meinen Falken drei Jahre benötigt, er flog einen Tag und war zerbrochen.«
Als Meister Hui das hörte, sprach er: »Meister Mo besitzt in der Tat eine große Kunstfertigkeit, nachdem er die Herstellung eines Wagenpflocks kunstfertig und die Herstellung eines ›Falken‹ ungeschickt nannte.«

Han Fe-dse

Unter den Leuten von Tschu gab es einen, der Schilde und Lanzen verkaufte. Er pries sie folgendermaßen an: »Meine Schilde sind so fest, daß nichts sie durchbohren kann.« Dann pries er seine Lanzen an: »Meine Lanzen sind so spitz, daß nichts ihnen widersteht.«
Jemand sagte: »Wie wäre es, mit Euren Lanzen Eure Schilde zu durchbohren?«
Der Mann konnte nichts darauf antworten.

Han Fe-dse

Dschang I verstand sich auf die Höflichkeit. Ob an Toren oder Türvorhängen vorbeikommend oder wo sonst die Menschen versammelt waren, immer ging er mit hurtigen Trippelschritten. Selbst Kutschern, Kebsweibern und kleinen Jungen trat er ehrerbietig entgegen, um seine Person zu sichern. Dennoch vollendete er nicht seine Jahre: Er starb an einem inneren Fieber.

Dan Bao verstand sich auf geheime Künste. Fern der gemeinen Welt und ihrem Staub enthoben, aß er selbst Korn und Früchte nicht mehr und kleidete sich selbst nicht mehr in härene Gewänder. Für sich allein wohnte er in den Wäldern des Berges, in den Höhlen des Felsens, um sein Leben völlig zu machen. Dennoch schöpfte er seine Jahre nicht aus, sondern ein Tiger fraß ihn.

Frühling und Herbst der Lü-Familie

Unter den Leuten von Tschu gab es einen, der überquerte den Großen Strom. Da fiel sein Schwert ins Wasser. Flugs machte er eine Kerbe in das Boot und sagte: »Hier ist es, wo mein Schwert hinuntergefallen ist.«
Nachdem das Boot festgemacht hatte, stieg er an jener Stelle, wo er die Kerbe gemacht hatte, ins Wasser und suchte das Schwert. Aber das Boot war doch vorangekommen, während das Schwert nicht vorangekommen war. Wenn man das Schwert auf diese Weise sucht, ist das nicht Unsinn?
Nun, wenn man mit alten Gesetzen sein Land regiert, ist das genauso: Die Zeit ist vorangeschritten, während die Gesetze nicht vorangeschritten sind. Wollte man mit ihnen das Land regieren, wie käme man nicht in Schwierigkeiten?

Frühling und Herbst der Lü-Familie

Guan Dschung gab einmal dem Herzog Huan ein Gelage. Der Tag war schon zur Neige gegangen. Herzog Huan aber war in Stimmung und rief nach Fackeln.
Guan Dschung sagte: »Euer Diener hatte den Tag vorgesehen, nicht die Nacht. Ihr könntet gehen, Herr.«
Der Herzog war ungehalten und sagte: »Vater Dschung, Ihr seid schon alt an Jahren. Wie oft noch wird es sein, daß meine Wenigkeit mit Euch, Vater Dschung, sich vergnügen kann? Laßt uns die Nacht hinzunehmen.«
Guan Dschung sagte: »Da geht Ihr zu weit, Herr. Denn: Wo reich der Wohlgeschmack, ist mager die Tugend. Wer sich im Vergnügen versenkt, wird einmal Kummer haben. Wer im Mannesalter säumig ist, verliert seine Zeit; wer sich im Greisenalter gehen läßt, bleibt ohne Namen. Euer Diener hat sich heute um Euretwillen Mühe gegeben. Warum wollt Ihr Euch weiter im Wein versenken?« –
Von Guan Dschung kann gesagt werden, daß er imstande war, den rechten Wandel zu führen. Im allgemeinen kommt der rechte Wandel zu Fall durch das Vergnügen. Er aber wurde im Vergnügen immer strahlender. Der Ruin des rechten Wandels liegt auch in der Ehre. Nun wollte sein Herr-

scher bleiben, er aber ließ es nicht zu. Fest entschlossen, ging er den Weg der Vernunft. Ehre und Vergnügen konnten nichts daran ändern. Also diente er seinem Herrn, und dies war der Grund, warum Herzog Huan Hegemon im Reich wurde.

Frühling und Herbst der Lü-Familie

Als Kü Yüan verbannt worden war, schweifte er am Großen Strom und seinen Tiefen. Traurige Weisen singend, wanderte er am Rand der Sümpfe. Seine Miene war verzweifelt, seine Gestalt abgehärmt.

Ein Fischer sah ihn und fragte: »Herr, seid Ihr nicht der Gebieter von drei Städten? Wie konnte es so weit mit Euch kommen?«

Kü Yüan sagte: »Die ganze Welt ist in Schmutz versunken, nur ich bin rein. Die Menschen alle sind trunken, ich allein bin nüchtern. Darum bin ich verbannt worden.«

Der Fischer sagte: »Was ein Heiliger ist, der läßt sich nicht von den Dingen behindern, sondern ist imstande, sich der Welt anzupassen. Wenn die Welt in Schmutz versunken ist, warum greift Ihr nicht in ihren Schlamm, sondern sucht, Wogen aufzutürmen? Wenn die Menschen alle trunken sind, warum schluckt Ihr nicht ihre Hefe, sondern nippt an fadem Wein? Warum mußtet Ihr mit Euren edlen Gedanken und hohen Zielen die Verbannung heraufbeschwören?«

Kü Yüan sagte: »Ich habe gelernt: ›Wer sich frisch gewaschen hat, muß auch die Mütze ausklopfen; wer sich frisch gebadet hat, muß auch das Kleid ausschlagen.‹ Wie könnte ich die Lauterkeit meiner Person von den andern besudeln lassen? Lieber will ich in den Fluß springen und im Bauch der Fische begraben sein, als das leuchtende Weiß der Gesinnung vom Staub der gemeinen Welt verdunkeln lassen.«

Der Fischer lachte nur und entfernte sich, das Ruder schlagend. Dabei sang er:

»Sind die Wasser des Tsang-lang rein,
Häng ich die Mützenbänder hinein.
Wenn getrübt des Tsang-lang Flut,
Ist sie zum Füßewaschen gut.«

Damit war er fort und sagte nichts mehr.

Elegien von Tschu

Als Mong-dse noch klein war, kam er einmal vom Unterricht heim. Seine Mutter war gerade beim Weben. Sie fragte ihn: »Wie weit bist du beim Lernen gekommen?« Mong-dse sagte: »Man immer dasselbe.«
Da nahm die Mutter ein Messer und zerschnitt ihr Gewebe. Mong-dse erschrak und fragte nach dem Grund. Die Mutter sagte: »Wenn du mit dem Lernen nachläßt, ist es dasselbe, wie wenn ich dieses Gewebe zerschneide.«

Geschichten hervorragender Frauen

Li Sse war ein Mann aus Tschu. In jungen Jahren, als kleiner Kreisbeamter, sah er einmal auf dem Amtsabtritt den Ratten zu, wie sie vom Unrat fraßen. Wenn sie sich den Menschen oder Hunden näherten, erschraken die und verscheuchten sie.
Als Li Sse aber in den Kornspeicher ging, bemerkte er, wie dort die Ratten von den Kornhaufen fraßen. Sie hatten sich's unter der großen Empore häuslich gemacht und wurden weder von Menschen noch Hunden gestört.
Da sprach Li Sse mit einem Seufzer: »Ob einer ein Ehrenmann ist oder ein Lump, das ist genau wie bei den Ratten hier: Es kommt nur darauf an, wo er sich aufhält.«
Und er ging zu Meister Sün King, um die Kunst der Kaiser und Könige zu lernen.

Aufzeichnungen des Großhistoriographen

Bei einem Hausbesitzer war jemand zu Besuch, der sah, daß das Feuerloch an seinem Herd gerade verlief und daß zu seiten das Brennholz gestapelt war.

Da sagte der Besucher zum Hausherrn: »Ihr solltet das Herdloch abknicken und das Brennholz weiter wegräumen. Sonst kann es eine Feuersbrunst geben.«

Der Hausherr aber schwieg und beherzigte die Warnung nicht.

Eines Tages brach wirklich ein Feuer aus. Die Dorfnachbarn eilten gemeinsam zu Hilfe, und mit einigem Glück gelang es ihnen, die Flammen zu löschen.

Daraufhin ließ er ein Rind schlachten und Wein ansetzen, um den Nachbarn zu danken. Die sich verbrannt und versengt hatten, saßen auf dem Ehrenplatz; die übrigen folgten, ein jeder nach seinem Verdienst. Nur jener, der von dem abgeknickten Herdloch gesprochen hatte, stand nicht auf der Liste.

Da sagte einer zum Hausherrn: »Hättest du auf die Worte des Besuchers gehört, du hättest dir Rind und Wein sparen können. Niemals wäre ein Feuer ausgebrochen. Nun hast du die Gäste nach ihrem Verdienst geladen. Der mit dem abgeknickten

Herdloch und dem weggeräumten Brennholz ist ohne Gunst und Sympathie geblieben, während die mit den verbrannten Schöpfen und versengten Stirnen deine Ehrengäste sind!«
Da ging dem Hausherrn ein Licht auf, und er bat jenen zum Fest.

Annalen der Han-Dynastie

Wang Hui-dschih lebte in Schan-yin. Eines Nachts war dichter Schnee gefallen. Aus dem Schlaf erwacht, hatte Wang die Schiebetür seines Zimmers geöffnet und hatte sich Wein bringen lassen. Den trank er nun und sah in die schimmernde Weite ringsum.

Er stand auf, und im Hin- und Hergehen summte er das Gedicht »Ich suche den Einsiedel«. Da dachte er plötzlich an Dai Kuë, der damals in jener Gegend weilte. Auf der Stelle bestieg er ein kleines Boot, um ihn aufzusuchen.

Die ganze Nacht verging, bis er da war. Am Tore angelangt, ging er aber nicht hinein, sondern machte wieder kehrt. Als ihn jemand nach dem Grund fragte, antwortete Wang:

»Von meiner Stimmung getragen, bin ich hingefahren. Als die Stimmung ausgekostet, bin ich heimgekehrt. Was hätte ich den Freund noch sehen müssen!«

Neue Gespräche der Welt von heute

Die Gattin seiner Exzellenz des Herrn Siä widmete sich der Belehrung ihrer Söhne. Sie fragte den Hofmeister: »Wie kommt es, daß ich noch nie gesehen habe, daß Ihr die Kinder belehrtet?«
Er sagte: »Ich belehre die Kinder natürlich immer – natürlich.«

Neue Gespräche der Welt von heute

VI

Weisheit im Sprichwort

Vom Glück

Ein Mensch, dem fehlt der Geister Segen,
Kann sich nicht einen Zollbreit fortbewegen.

Kein Mensch hat ohne Geister was vollbracht;
Doch ohne Menschen fehlt dem Geist die Macht.

Gewirbelt kommt der Wind aus Himmels
Höhen;
Doch liegts bei dir, den Wind herabzuflehen.

In Himmels Händen liegt dein Leben.
Wie lang, ist dir anheimgegeben.

Der Himmel ist ein großer Mann?
Wir sind ein kleiner Himmel dann.

Besser hier oben und Prügel
Als drinnen gebettet im Hügel.

Wer nicht genießt,
wenn er gesegnet ist,
Der schlägt das Ruder noch,
wenn Segel sind gehißt.

Wenn gut dein Schicksal ist,
dann mußt du nicht gewaltsam sein.
Wenn gut dein Herz,
dann mußt du nicht enthaltsam sein.

Des ganzen Jahres Heil
liegt in der Frühlingszeit.
Des ganzen Tages Heil
liegt morgens um fünf Uhr.
Des ganzen Hauses Heil,
es liegt im Einvernehmen.
Des ganzen Lebens Heil,
es liegt im Fleiße nur.

Lieber zu Hause leben
Als eine Meile daneben.

Auf Reisen bist du stets in Leid verstrickt:
Zerfetzt dein Rock und keiner, der ihn flickt!

Ein Tag in reiner Muße verlebt:
Ein Tag unsterblich gen Himmel geschwebt!

Wer schaut nach vorn, wer rückwärts schaut,
Dem bleibt der Mangel unvertraut.

Nichts von dem, was kommt, verlangen;
Nichts bereun, was hingegangen.

Eine Daumenbreite Zeit
Wiegt wie Gold, das daumenbreit.
Doch den kleinsten Augenblick
Kauft dir nicht das goldene Stück.
Wenn das Gold verlorenging,
Kann es irgendwer noch finden.
Wenn die Zeit verlorenging,
Bringt sie niemand dir zurück.

Sei pfiffig, sei gewitzt im Innern,
Nach draußen aber sei ein Tor!
Wer seine Klugheit offen zeigt,
Ist selber schuld, wenn Übel steht bevor.

Die Welt der Bücher

Der Bücher Wohlgeschmack
würzte schon immer die Welt.
Nur gute Ernte bringt
des Tuschebeckens Feld.

Dem, der ihn anerkennt,
mag der Gelehrte dienen.
Dem, der sie fröhlich macht,
macht eine Frau gefällige Mienen.

Ein Kandidat spricht nur von Büchern;
Der Metzger spricht von Borstenviechern.

Noch der Greis
Kann vieles lernen, was er nicht weiß.

So groß die Gaben der Natur –
Zum Ziel kommst du durch Lernen nur.

Beim Bücherstudium zählt Begeisterung,
Nicht unbedingt der Bücher Meisterung.

Wenn warm die Kleidung ist und froh der Magen,
Schenkt auch der Väter Weisheit Wohlbehagen.

Auf weißem Blatt ein schwarzer Pinselzug:
Um Tod zu bringen, ist ein Wort genug.

Der Pinsel versehrt
Gleich einem Schwert.

Tun und Lassen

Wer gerade Wege ging auf Erden,
Wird geradewegs unsterblich werden.

Ein einzger Tag, ein Schritt daneben:
Nicht ausgetilgt in hundert Leben.

Sei nicht besorgt, daß du zu langsam gehst!
Sei nur besorgt, daß du nicht gänzlich stehst!

Erstens: du sollst nicht tun!
Zweitens: beim Tun nicht ruhn!

Leb deine Tage
Je nach der Lage!

Einhalt kennen, Einhalt üben:
Ohne Schande stets geblieben.

Was wir gestern verhandelt haben,
gilt schon heute nicht mehr:
Ein Sturm hat sich um Mitternacht
erhoben von Norden her.

Sei nicht besorgt,
wenn du durch Worte schlechtgemacht!
Sei nur besorgt,
daß du dein Werk hast recht gemacht!

Wer nahm die Maske vom Gesicht,
Kann alles tun, was seinem Wohl entspricht.

Den eignen Rock, den eignen Hut
Betrachten tut dem Menschen gut.

Um Haares Breite danebengesehn,
Heißt tausend Meilen irregehn.

Wer sich mit festem Sinn ein Ziel erkoren,
Wird einen Berg bis hin zum Meer durchbohren.

Entscheidungsreifes nicht entscheiden,
Heißt Wirrung mehren, nicht vermeiden.

Das Planen ist des Menschen Sendung.
In Himmels Hand liegt die Vollendung.

Mit Gutem wird Gutes vergolten,
mit Übel die Schlechtigkeit.
Und wenn sie nicht vergolten sind,
dann ist noch nicht gekommen die Zeit.

Da du selber gestrauchelt bist,
mußt du dich selbst erheben
Und warte nicht, daß andere
dir Hilfestellung geben!

Wer stets herumgelungert,
Der darbt, der hungert.

Schneide die Kleider nur
Nach der eignen Statur!

Mach keinen Witz
Vorm Fürstensitz!

In vielerlei Dingen beschlagen:
Bei vielerlei Dingen im Vagen.

Klatschen mit *einer* Hand
Kommt nimmer zustand.

Vom Guten reden ist nicht schwer;
Das Gute tun ist es weit mehr.

Folgst du den Guten,
  steigst du zum Guten empor;
Folgst du den Bettlern,
  schläfst du vorm Tempeltor.

Mußt gleich im ersten Fall
  beherzt dich stellen!
Bleibst dann verschont
  in hundert künftigen Fällen.

Schlägt man die Pauke nicht, so klingt sie nicht;
Rührt man die Glocke nicht, so schwingt sie nicht;
Spricht man die Rede nicht, bezwingt sie nicht.

Ein Wort genügt dem edlen Mann;
Ein Gertenstreich treibt muntre Pferde an.

Amt und Beruf

Nach Süden zeigt des Yamens Tor,
steht schon frühmorgens offen.
Auch wenn du recht hast, doch kein Geld,
darfst du den Zutritt nicht erhoffen.

Wenn du Frieden begehrst,
Befriedige den Amtmann erst!

Wir dürfen den Amtmann betrügen,
Nur nicht den Amtmann rügen.

Mußt dir versagen gerichtliche Klagen.
Wer zu klagen wagt, dem gehts an den Kragen.

Ist all dein Warnen nicht genehm,
Nur keinen Streit! Mach dir's bequem!

Der Bauer kommt nicht gleich dem
Handwerksmann.
Doch der kommt an den Händler nicht heran.

Mit langen Ärmeln tanzt man prächtig.
Das Geld erst macht den Händler mächtig.

Schlag deinen Gong, verkauf die Zuckerkandeln!
Du kannst mit diesem oder jenem handeln.

Wer niemals wurde selbst geprellt,
Taugt wenig für die Händlerwelt.

Wenn karg das Kapital und der Gewinn,
Dann schlag dir den Kredit gleich aus dem Sinn!

Wer nicht nach Barem greift mit Krallen,
Ist fehl am Platz in Kaufmannshallen.

Ein Acker Kohl, ein Acker Rüben:
Was einer pflanzt, das wird er lieben.

Verbranntes Opfergeld fliegt hin im Winde.
Das Sutra-Lesen ist des Priesters Pfründe.

Es denkt der Mönch an Hochzeitswonne;
An Frühlingsfreuden denkt die Nonne.

Vom Geld

Studieren ist des Reichen Los.
Der arme Mann zieht Ferkel groß.

Der Reiche denkt an das, was nachher kommt;
Der Arme denkt an das, was heute frommt.

Wer etwas hat, wird sich geachtet wissen.
Wer schiech und schäbig, wird vom Hund gebissen.

Mit Geld ist man ein echter Sohn der Han,
Fängt ohne Geld in Han als Mann nichts an.

Hast du genug und hab auch ich,
Dann sind wir Freunde brüderlich.

Ist mit Millionen dein Haus beglückt,
Trag deine Kleider zur Hälfte geflickt!

Wenn ein Blinder Geld bemerkt,
gehn ihm sofort die Augen auf.
Wenn ein Mönch das Geld bemerkt,
bringt er die Sutren zum Verkauf.

Mit Mengen Geld:
Den Göttern gesellt.

Gäb es nicht Nutzen und Gewinn,
Wer würde noch aufstehn bei Tagesbeginn?

Kein Reichtum winkt, wenn ihn erstrebt die Gier.
Doch ohne Gier: schon ist der Reichtum hier.

Ständig hat, wer ständig hat gegeben.
Reich und angesehn, so wird er leben.

Wer Silber hat, den wird das Silber ketten.
Wer keines hat, der kann sich ruhsam betten.

Man wetzt ein Messer, weil man Stumpfheit haßt;
Doch schneidet es den Finger, wenn gewetzt.
Man strebt nach Reichtum, weil man Armut haßt;
Doch ist man reich, hat man sich selbst verletzt.

Du kommst zu Geld im Weltgebrause,
Zum Glück allein in stiller Klause.

Mein Name ist »Glück«:
Im Gürtel hab ich von Kupfer kein Stück.

Die Familie

Nicht duften die Blumen im Hause
so süß wie die Blumen im Feld.
Doch ist es die häusliche Blume,
die länger sich hält.

Es gibt am selben Baum
süße und saure Früchte.
Unter den Söhnen der selben Frau
gibts Weise, gibts närrische Wichte.

Wählt man die Frau, wählt man die Tugend.
Wählt man Mätressen, wählt man Jugend.

Tor und Tür von gleicher Höhe:
Förderlich dem Bund der Ehe.

Die Frau, vermählt mit einem Schuft,
Sie liegt lebendig in der Gruft.

Schimpf deine Frau nicht aus zur Abendzeit:
Du liegst die ganze Nacht in Einsamkeit.

Wohin die Kinder sich einmal wenden –
Sind immer begleitet von Mutters Händen.

Suchst du getreue Amtspersonen,
Frag dort, wo gute Söhne wohnen!

Verzieh den Sohn: dann wirst du nicht geehrt.
Verzieh den Hund: dann springt er auf den Herd.

Zieht auf man die Söhne schon früh,
Blüht auf der Segen schon früh.

Wer seine Kinder will zum Wohlstand führen,
Der läßt sie ein wenig hungern und frieren.

Auf Sohn und Enkel wartet
ein Glück, das ihnen entspricht.
So mach für Sohn und Enkel dich
zum Gaul, zum Ochsen nicht!

Verkaufst du deinen Sohn,
streichle den Kopf ihm nicht!
Sonst ist es, daß ein Tränenstrom
aus deinem Auge bricht.

Freundschaft und Friede

Die freudigste von allen Freuden, ach:
sich finden im Freundschaftsbunde.
Der schmerzlichste von allen Schmerzen, ach:
wenn naht die Abschiedsstunde.

Mit denen nur, die dir vertraut,
trink deinen Wein!
Trag dein Gedicht nur denen vor,
die stimmen ein!

Des edlen Mannes Umgang ist
so schal, wie Wasser schmeckt.
Des kleinen Mannes Umgang wird
von Gaumen zu Gaumen vollstreckt.

Wer beim Essen nicht drängt den Gast,
Der macht sich schuldig, der kränkt den Gast.

Mit seinen Nachbarn friedlich leben:
Gleich gut, wie einen Schatz zu heben.

Kommt die Katze, geht der Hund:
Zanken findet keinen Grund.

Großer Streit ist nicht so gut wie kleiner;
Kleiner Streit ist nicht so gut wie keiner.

Wenn eines Sinns zwei Leute handeln,
Können wir Lehm in Gold verwandeln.

Zwei Männer, ein Herz,
Die spalten Erz.

Du solltest die Händel vergessen:
Von Prozessen wird man gefressen.

Lauf der Welt

Wir laufen uns die Füße wund
Nur für den Leib, nur für den Mund.

Der Mund:
Ein Fäßlein ohne Spund.

Heißes Öl und bittrer Kohl –
Jedem schmeckts verschieden wohl.

Emsig soll das Maultier trollen,
Aber fressen solls nicht wollen.

Verbellt ein Hund die suspekte Person,
Bellen auch hundert Hunde schon.

Zieht ein großes Boot die Bahn,
Braucht kein Ruder der kleine Kahn.

Du kannst den Himmel vermessen,
berechnen der Erde Gebiet,
Während das Menschenherz
sich aller Berechnung entzieht.

Sie drücken den Buddha ans Herz,
wenn von Gefahr bedroht.
Sie stoßen den Buddha beiseite,
wenn just behoben die Not.

Mag die Pagode festlich funkeln –
Mehr nützt ein kleines Licht im Dunkeln.

Der beste Schwimmer kann ertrinken,
Der beste Reiter vom Sattel sinken.

Seicht ist, was uns beglückt.
Tief ist, was uns bedrückt.

Wer hineinkam, nennt uns Herr;
Wer hinausging, nennt uns Knecht.
Wer hineinkam, hangt uns an;
Wer hinausging, macht uns schlecht.

Sei nicht besorgt, daß sie dich niemals baten,
Nur, daß dein Werk sei wahr, sei wohlgeraten!

Anhang

Anmerkungen und Textnachweise

Konfuzianische Weisheit

Konfuzius ist die latinisierte Form für Kung fu-dse, »Der ehrenwerte Meister Kung«, wobei Kung der Familienname ist. Der persönliche Name lautet Kiu. Der Philosoph, Chinas »Lehrer für zehntausend Generationen«, lebte um 500 v. Chr. in Lu, wo er die »Herrensöhne« (*gün-dse*) auf den Staatsdienst vorbereitete. Seine üblicherweise genannten Lebensdaten sind, wie Henri Maspéro nachgewiesen hat, nicht haltbar. In jener frühen Zeit wurden nur die Daten von Angehörigen regierender Häuser aufgezeichnet. Auch das Amt eines Justizministers wie die Zahl von 72 engeren und 3000 weiteren Schülern gehören, wie Arthur Waley plausibel gemacht hat, ins Reich der Heiligenlegende. Doch dürften diese Traditionen unaustilgbar sein.

19–37 Die Lehre des Konfuzius ist noch am zuverlässigsten in einigen Faszikeln des *Lun-yü*, der »Ausgewählten Gespräche«, überliefert. Dieses Werk, das zu den kanonischen Büchern des Konfuzianismus zählt, ist von den Enkelschülern des Philosophen aufgezeichnet worden.
Wir zitieren daraus: Fasz. 8,13; 1,1; 2,24; 5,19; 4,16; 13,23; 20,20; 15,8; 15,12; 15,15; 15,23; 13,24; 13,21; 14,46; 2,15; 2,17; 15,29; 1,3; 4,24; 2,11; 2,16; 6,16; 15,7; 14,5; 1,11; 10,9; 11,11; 3,13. Die Zählung der Abschnitte (die Ziffer hinter dem Komma) erfolgt nach der Übersetzung Richard Wilhelms von 1910.

19 »Weg« = *Dao.* Die Konfuzianer verstehen unter diesem Terminus den musterhaften Weg der Herrscher im höchsten Altertum.

20 Dieses Diktum unterstreicht die geringe Anerkennung des Konfuzius zu Lebzeiten.

»Edelmann«: Bei Konfuzius schlägt der soziale Status seiner Schüler nicht selten durch. Im allgemeinen übersetzen wir den Terminus *gün-dse* mit »Edler«, wie Richard Wilhelm es tut. Die Engländer verfügen über das glückliche Wort »gentleman«.

25 Dse-gung: ein Lieblingsschüler des Konfuzius.

28 Yüan Jang könnte, den Worten des Konfuzius nach, ein Daoist gewesen sein.

30 (2) Yu, der persönliche Name des Dschung Yu, geläufig unter seinem Beinamen Dse-lu, einer der engeren Schüler des Konfuzius.

32 (2) Dieses die Interpretation Arthur Waleys, der mit mancher traditionellen Deutung gebrochen hat. Gemeinhin lautet die Übersetzung: »Irrlehren anzugreifen schadet nur.«

35 (2) *Lun-yü,* 10,9.–Im 10. Faszikel wird traditionellerweise Konfuzius (*Kung-dse*) als Subjekt eingesetzt. Doch stand, worauf Arthur Waley hinweist, ursprünglich »Der Edle« (*gün-dse*) als einleitendes Subjekt. Dem folgt unsere Übersetzung.

37 Wang-sun Gia war Hausmeier von We, das dem Staat Lu benachbart war.

38–40 Dseng-dse, »Meister Dseng«, ist Dseng Tsan, einer der berühmtesten Konfuzius-Schüler. Er galt als Verfasser der »Höheren Bildung« (*Da-hio*) und des »Heiligen Buches der Sohnespietät« (*Hiao-ging*). Das Buch *Dseng-dse* (5. Jh. v. Chr.) ist im *Da-Dai Li-gi,* den »Aufzeichnungen der Sitte durch den Älteren Dai«, enthalten.
Wir zitieren daraus: Fasz. 4, Kap. 49, 49, 50, 52, 52, 49; Fasz. 5, Kap. 54.

41–46 Mong-dse, »Meister Mong« (371–289 v. Chr.), eigtl. Mong Ko, der ›Paulus‹ des Konfuzius, ohne den dessen Lehre vielleicht vergessen wäre. Das Buch *Mong-dse* gehört seit dem 12. Jahrhundert als eine der »Vier Schriften« zum Kanon des Konfuzianismus.

Unsere Zitate: Fasz. 11,8; 8,12; 11,11; 3,6; 8,28; 11,10. – Zu beachten ist, daß Richard Wilhelm nur sieben Faszikel (»Bücher«) zählt, die er jeweils in zwei Abschnitte teilt.

47, 48 *Dschung-yung* (4./3. Jh. v. Chr.), wörtl. »Das Mittlere Dienliche«, bekannter unter der freien Übersetzung »Maß und Mitte«, war ursprünglich ein Faszikel im *Li-gi*, den »Aufzeichnungen der Sitte«, einem der Fünf Heiligen Bücher des Konfuzianismus. Dschu Hi (1130–1200), der große Vollender des Neo-Konfuzianismus, hat dem Werk, zusammen mit der »Höheren Bildung«, den »Ausgewählten Gesprächen« des Konfuzius und dem Buch *Mong-dse*, als einer der »Vier Schriften« eine Sonderstellung verschafft. Es ist seit 1687 ins Lateinische und in andere Sprachen des Westens übersetzt worden. Herder hat eine Teilübersetzung ins Deutsche unternommen.

47 (2) »schmacklos«, so hat Richard Wilhelm den Terminus *dan* übersetzt, welchem, als Ideal des Gentleman, nicht nur im moralischen, sondern auch im Bereich der Dichtungs- und Kunsttheorie eine hohe Bedeutung zufallen wird. Mit *dan* ist der kaum wahrnehmbare Geschmack des Wassers gemeint. In der Malerei wird das Wort mit »blaß« übersetzt.

49–59 *Sün-dse,* »Meister Sün«, eigtl. Sün Kuang, um 300–230 v. Chr., ein Philosoph, der durch seine Betonung der Riten das Gesicht Chinas mehr geprägt hat, als es der Konfuzianismus jahrhundertelang wahrhaben wollte. Erst in neuerer Zeit ist Sün-dse's Bedeutung gewürdigt worden. Wir zitieren aus: Kap. 1,6; 1,6; 10,9; 17,11; 1,5; 27,33; 1,6; 13,1; 9,9; 23,17; 21,11; 19,9; 3,12; 6,11; 17,13; 10,18. Die Zählung der Abschnitte erfolgt nach der Übersetzung von Hermann Köster.

60 »Frühling und Herbst der Lü-Familie« (*Lü-schih tschun-tsiu*), die Annalen der Familie des Lü Bu-we. Dieser,

ein reicher Kaufmann (gest. 235 v. Chr.), soll der natürliche Vater des ersten Kaisers von Tsin gewesen sein, das China seinen Namen gab. Das Annalenwerk, von Lü Bu-we vermutlich in Auftrag gegeben, vereinigt Texte verschiedener Denksysteme, so daß wir es sowohl im konfuzianischen wie dem daoistischen Teil, auch unter den Anekdoten, anführen. Der Traktat über die Musik (Fasz. 5 und 6) atmet konfuzianischen Geist, freilich in einer fortgeschrittenen Form, die schon Elemente der Yin-yang-Lehre aufgenommen hatte. Hermann Hesse zieht in seinem »Glasperlenspiel« den Musik-Traktat wörtlich heran.
Wir zitieren aus Fasz. 6, Abschn. 3.

61, 62 Die »Schulgespräche des Konfuzius« (*Kung-dse gia-yü*) sind zeitlich schwer einzuordnen. Älteres Material (aus dem 3. Jh. v. Chr.) kann mit solchem des Herausgebers Wang Su (gest. 256 n. Chr.) vermischt worden sein. – Unsere Zitate aus den Fasz. 4 und 2.

63, 64 Die Merksprüche stammen aus Fasz. 6, Kap. 59 des *Da-Dai Li-gi* (»Aufzeichnungen der Sitte durch den Älteren Dai«). Es soll sich um Inschriften handeln, die König Wu (um 1050 v. Chr.) auf einem Pfeiler, einer Armstütze und einem Waschbecken hatte anbringen lassen.

65 Das *Li-gi* (»Aufzeichnungen der Sitte«), vom Jüngeren Dai kompiliert, ist in den konfuzianischen Kanon der Fünf Heiligen Bücher aufgenommen worden. Wie das Sammelwerk des Älteren Dai stammt es aus dem 1. Jahrhundert v. Chr., mag aber auch Teile enthalten, die bis ins 5. Jahrhundert v. Chr. zurückreichen.
Unser Zitat aus Fasz. 17, Kap. 3,5.

66 »Aufzeichnungen des Großhistoriographen« (*Schih-gi*) des Sse-ma Tsiän (um 145 – um 85 v. Chr.), Fasz. 68.

67 Fasz. 12 des *Fa-yän* (»Gesetzesworte«). Mit diesem Werk wollte Yang Hiung (53 v. – 18 n. Chr.) ein Gegen-

stück zu den »Ausgewählten Gesprächen« des Konfuzius schaffen.

68 Han Yü (768–824), der wohl bedeutendste Prosaist Chinas, war ein leidenschaftlicher Kämpfer gegen den Buddhismus. Unser Zitat ist der Anfang des »Beiworts zum Geleit des Mong Dung-yä«, d. i. Mong Giao (751–814; siehe S. 160), der beste Freund Han Yü's.
»Erz und Stein«: in Glocken und Klangsteinen nämlich.

69 Tscheng Hao (1032–1085) war ein Vater des Neo-Konfuzianismus in der Sung-Zeit. Das zweite Zitat unterstreicht, wie stark diese Schulrichtung vom Denken Indiens mit seiner Gleichsetzung von Ātman und Brahman, vom Selbst mit dem Absoluten, durchtränkt war.

Daoistische Weisheit

73–78 Das *Dao-Dö-ging* (»Das Heilige Buch vom Weg und von der Tugend«) wird dem »Alten Meister« Lao-dse zugeschrieben und dieser wiederum mit Lao Dan identifiziert, der im Buch *Dschuang-dse* als Widerpart des Konfuzius eine tragende Rolle spielt. Die Kompilation des *Dao-Dö-ging* wird von der westlichen Forschung um 300 v. Chr. angesetzt, während es durchaus ältere Sprüche enthalten mag.
Zitiert sind die Abschnitte 76, 11, 47, 35, 28, 66.

79–102 *Dschuang-dse*, »Meister Dschuang«, ist der Titel eines Sammelwerkes, benannt nach dem Philosophen Dschuang Dschou im 4./3. Jahrhundert v. Chr., der als eine der prominenten Figuren in dem Werk vorgestellt wird. Wie viele Passagen von ihm selbst stammen und wie viele Autoren an dem Konvolut beteiligt waren, wird kaum auszumachen sein. Auch sein Alter bleibt im dunkeln. Greifbar wird der *Dschuang-dse* erst durch den Herausgeber und

Kommentator Guo Siang (gest. 312 n. Chr.), der sich seinerseits auf eine Sammlung des Hiang Siu (um 221 – um 300) stützte. Letzterer gehörte zu den »Sieben Weisen vom Bambushain« (siehe Anm. zu S. 113).
Zitiert werden Kapitel 17,1; 6,1; 23,5; 14,5; 12,11; 31; 22,4; 25,10; 32,9; 32,7; 32,7; 23,1; 4,5; 20,4; 20,4; 17,3; 4,1; 12,12; 6,1; 22,3; 12,6; 6,1; 11,4; 6,1; 6,1; 23,1; 15. (Die Zählung der Abschnitte – bis Kapitel 26 – nach Richard Wilhelm.)

84 Dse-gung: vgl. Anm. zu S. 25.

96 Kaiser Yao, einer der konfuzianischen Musterkaiser des legendären Altertums, im 3. Jahrtausend v. Chr. angesiedelt.

98 »Ein Starker«, vermutlich ist an einen Riesen gedacht. Von Riesen, die, wie in der Sage Griechenlands, Berge versetzen, wird im Buch *Liä-dse* (5,3) erzählt.

101 »Winkelbrink«, im Chinesischen ein reimendes Binom.

102 »Tucht«, chin. ursprünglich *tek,* heute *dö,* was wir sonst mit Tugend übersetzen. In den daoistischen Texten aber schlägt oft die frühere Bedeutung der (magischen) Tauglichkeit oder Tüchtigkeit durch, so daß wir die alte Wortform gewählt haben, die nämlich den Begriff der Stärke einschließt. Arthur Waley sagt »power« für *dö.*

103–107 *Liä-dse,* »Meister Liä«, das ist Liä Yü-kou, eine Phantasiefigur, die im *Dschuang-dse* mehrmals erscheint. Sie gab einem Buch den Titel, dessen Entstehung noch undurchsichtiger ist als die des *Dschuang-dse.* Jedenfalls sieht die neuere Forschung im *Liä-dse* ein Werk aus dem 4. bis 1. Jahrhundert v. Chr.
Wir zitieren Fasz. 2,20; 1,8; 3,9.

103 König Süan der Dschou-Dynastie regierte von 827 bis 781 v. Chr. – Hahnenkämpfe gehörten in China zu den beliebten Unterhaltungen.

104 Meister Yän ist Yän Ying, der im 6. Jahrhundert v. Chr. drei Herzögen von Tsi als Minister diente. Das Zitat steht im *Yän-dse tschun-tsiu* (»Frühling und Herbst des Meisters Yän«), einem späteren Werk, das nur den Namen des Ministers trägt.

108 *Lü-schih tschun-tsiu* (vgl. Anm. zu S. 60), Fasz. 14, Abschn. 8.

109–112 Huai-nan-dse, der »Meister von Huai-nan«, ist Prinz Liu An, Enkel des Gründers der Han-Dynastie. In eine Konspiration verwickelt, tötete er sich selbst 122 v. Chr. – Liu An vertrat einen Daoismus, der mit Hilfe der Alchimie die Unsterblichkeit anstrebte. Das Buch *Huai-nan-dse* war wohl eine Auftragsarbeit.
Zitiert wird aus den Faszikeln 17 und 18.

109 »Schmack«: so übersetzt Richard Wilhelm recht glücklich das Wort *we,* da »Geschmack« zweideutig ist. Noch Goethe hat das biblische Wort.

113 Hi Kang (223–263), mit einer kaiserlichen Prinzessin vermählt, ist als Dichter und geistiges Haupt der »Sieben Weisen vom Bambushain« (dies sein Anwesen) bekannt. Die Sieben bilden den Inbegriff einer weltenthobenen, gelegentlich exzentrischen Pflege der inneren Reinheit. Hi Kang suchte die Unsterblichkeit auch auf alchimistischem Wege. Als ihn einmal hohe Würdenträger besuchten, soll er unbeirrt sein Metall geschmolzen haben, während Hiang Siu – wir kennen ihn als Kompilator des Buches *Dschuang-dse* – den Blasebalg bediente.
Unser Text aus dem »Traktat, wie man das Leben nährt« (*Yang-scheng lun*).

117 Der Mönch Dschao (Seng Dschao; 384–414) kam vom Daoismus zum Zen-Buddhismus und hat diese Herkunft nie geleugnet, auch im vorliegenden Zitat nicht. Es stammt aus dem *Dschao-lun*, den »Traktaten des Dschao«.

118 Der Mönch Tsan (Seng Tsan; gest. 606) war der dritte Patriarch des Zen-Buddhismus nach Bodhidharma. Auch er hatte als Daoist begonnen. Die zitierten Passagen stammen aus seiner »Meißelschrift vom Glauben an den Geist« (*Sin-sin-ming*), einem längeren Lehrgedicht im Lapidarstil von vier Worten je Vers. Es verrät seine Wurzel in der »Mittleren Lehre« des indischen Patriarchen Nāgārjuna (2. Jh. n. Chr.) wie im Daoismus des *Dao-Dö-ging* und *Dschuang-dse*.

119 Der Leitspruch des Zen wurde traditionellerweise Bodhidharma zugeschrieben, der gegen Ende des 5. Jahrhunderts von Ceylon nach China kam und dort als erster Patriarch des Zen verehrt wurde. Nach Daisetz T. Suzuki stammt der Spruch indessen vom Zen-Meister Nan-tsüan (748–834).

120–131 Wu-men Hui-kai (1184–1260) hat in der Sammlung »Der Paß ohne Tor« (*Wu-men guan*) 48 ›Fälle‹ (*gung-an*, sino-japan. *kōan*) zusammengetragen, erläutert und jeweils mit einem Gesang abgeschlossen. Oft will die Erläuterung den ›Fall‹ ad absurdum führen, um den Schüler zu erleuchten.
Wir zitieren die ›Fälle‹ XVI, XIX, XXIX, XXX, XXXIII, XXXVI, XLV.

120 Yün-men Wen-yän (»Wen-yän vom Wolkentor«), ein berühmter Zen-Meister, der 864–949 lebte. – Das siebengestreifte Kultgewand legen die Mönche an, wenn die Glocke sie zur Sutren-Rezitation oder zum Lehrvortrag ruft.

122 Nan-tsüan Pu-yüan (748–834) und Dschao-dschou Tsung-schen (778–897) gehören zu den prominentesten Zen-Meistern.
»Der Weg«: *Dao,* im Daoismus der Urgrund allen Seins, im Buddhismus der Buddha-Weg.
124 Der Sechste Patriarch: Hui-neng (638–713). Seine vom indischen Idealismus geprägte Antwort wird von den Kommentatoren nur als Anstoß für die Fragenden aufgefaßt, sie im Sinne Wu-mens auszuweiten.
126 Der Patriarch Ma ist Ma-dsu Dao-i (709–788), Dame sein Schüler Da-me Fa-tschang (752–839). Die Antwort des Patriarchen dürfte im Geist der indischen Philosophie mit ihrer Gleichsetzung von Ātman und Brahman, vom Selbst und dem Göttlich-Absoluten, erfolgt sein.
129 Diese spätere Version der vorigen Frage verwirft die frühere Version, da von nichts eine feste Aussage gemacht werden könne. Der Patriarch Ma habe seine erste Antwort nur gegeben, »damit die Kinder nicht weinen«, so die Erklärung.
130 Wu-dsu, »Der Fünfte Patriarch« (einer Zen-Schule) ist Fa-yän (1024?–1104). »Hau mit der Faust ihm auf das Kinn!«: Der Zen-Buddhismus greift gern zu drastischen Mitteln der Erleuchtung. Das Anbrüllen und Stockschläge gehören dazu.
131 Der Lehrer-Patriarch Yän vom Ostberg ist Wu-dsu Fa-yän, den wir aus dem vorangehenden ›Fall‹ kennen.
Shākya: Shākya-muni, der »Weise aus dem Shākya-Stamme«, d. i. der historische Buddha (um 550 – um 480 v. Chr.); Maitreya, »Der Liebreiche«, ist der kommende Buddha, der in Jahrmillionen aus dem Himmel der Glückseligkeit zur Erde kommt, um die Menschheit zu erlösen.
Heinrich Dumoulin schreibt von diesem ›Fall‹, er sei in seiner Kürze und Klarheit gleichsam das Modell eines Kōan. Die Verzweiflung, das »große Zürnen« des Schülers, dem die Frage vorgelegt wird, soll seine Erleuchtung vorbereiten.

132 Das erste Gedicht beschließt die Vorrede zum Werk, das zweite den ›Fall‹ XXXVII.

133 Beim ersten Gedicht handelt es sich um die ›Letzten Worte‹ des Wu-men Hui-kai.

Weisheit im Gedicht

137–142 Das »(Heilige) Buch der Lieder« (*Schih-ging*) umfaßt 305 Liedtexte aus dem 10. bis 6. Jahrhundert v. Chr.: Volkslieder, Gesellschaftslieder, kultische Gesänge und einige Stammessagen. Konfuzius hat die Lieder hoch geschätzt und einzelne davon seinem Moralunterricht zugrunde gelegt. So kam es zu der Legende, er habe die »dreihundert Lieder« aus einer Menge von dreitausend ausgewählt. Jedenfalls wurde die Sammlung als Heiliges Buch (*ging*) im konfuzianischen Kanon aufgenommen, was ihr Überleben gesichert hat.
Wir bringen die Lieder 114, 52, 70, 32, 115.

143, 144 Bei Tao Yüan-ming (365–427), einem Vater der Naturdichtung, vermengen sich konfuzianisches, daoistisches und buddhistisches Denken.

143, Vers 1 Der *Weg* (*Dao*) kann konfuzianisch, aber auch daoistisch verstanden werden.
Vers 8: Hier wird das buddhistische *Diamant-Sutra* zitiert: »Denn alle Dinge, die sind, / Sind gleichsam ein Traum und ein Trug, / Sind wie Schaum oder Schatten, / Wie Tropfen von Tau, wie der Blitz.«

144, Vers 1 Mit der Kiefer meint Tao Yüan-ming sich selbst.
Vers 2 und 3: Die »Kräuter« und »fremden Pflanzen« symbolisieren die skrupellosen Rivalen im Lebenskampf.
Vers 9: »Traum und Trug«: siehe die Anmerkung zur vorigen Seite. Auch die »staubige Fessel« in Vers 10 erinnert an den Buddhismus.

145–158 Du Fu (712–770), Li Tai-bo (701–762) und Wang We (701–761) bilden das leuchtende Dreigestirn der ›Tang-Blütezeit‹.

146, Vers 1 zitiert *Dschuang-dse,* Kap. 2,9: »Solange wir träumen, wissen wir nicht, daß wir träumen. Erst beim Erwachen merken wir, daß es ein Traum war. Nun gibt es einmal ein großes Erwachen. Dann aber wissen wir, daß all dies *ein großer Traum* von uns gewesen ist.«

148 Hier zitiert Li Tai-bo die »Elegien von Tschu«. Die Anekdote findet sich auf unserer Seite 195f.

150 Das Drachentor (*Lung-men*) ist eine berühmte Senke bei Lo-yang, der Östlichen Hauptstadt der Tang-Dynastie (618–907).
Vers 3: Mit dem Orgelton sind die flötenden Laute der Natur gemeint. Siehe *Dschuang-dse,* Kap. 2,1.

154 Viele seiner Gedichte, wie dieses, hat Du Fu weit von der Residenz, in der Südwest-Provinz Setschuan geschrieben, wohin er vor den Wirren des Bürgerkrieges geflohen war.
Vers 5: Mit Paukenschlägen wurde die Zeit angesagt.

159 Liu Dschang-king lebte um 710 bis nach 787.
Vers 8: Die Worte zu vergessen, war ein Postulat des *Dschuang-dse,* Kap. 24,6.

161 Vgl. Anm. zu S. 68.

162–165 In Bo Gü-i (772–846) begegnet uns der bedeutendste Dichter des Silbernen Zeitalters der Tang-Lyrik. Auf Grund seiner unkomplizierten Sprache war er ungemein populär.

162, Vers 4 Das Körnchen Reis in der großen Scheune ist ein Zitat aus *Dschuang-dse,* Kap. 17,1.

163, Vers 1 und 2 greifen ein Wort aus dem 3./4. Jahrhundert auf, als der Neo-Daoismus, in einem Kompromiß mit der Welt, den Begriff des »Eremiten am Hof und auf dem Markt« schuf.

Vers 6: Das launige Gedicht ist 829 geschrieben, als Bo Gü-i – für kurze Zeit – die Sinekure eines Verbindungsmannes zum Kronprinzen in Lo-yang innehatte.

165, Vers 1 zitiert die Anfangszeilen im 56. Abschnitt des *Dao-Dö-ging*.

Vers 4: In seiner traditionellen Fassung hat das *Dao-Dö-ging*, das dem Lao-dse zugeschrieben wird, 5280 Wörter.

166 »Fräulein Herbst« (Tsiu-niang) aus der Familie Du war eine schöne Sängerin, die im 8./9. Jahrhundert in Nanking lebte. Mit vierzehn Jahren wurde sie die Konkubine eines Präfekten, dessen Liebe sie mit dem vorliegenden Lied gewonnen haben soll. Bei dem »golddurchwirkten Kleid« wird es sich um die Robe oder die Uniform des Präfekten handeln.

167 Unter dem Namen des Han-schan, des Mönchs vom »Kalten Berg«, verbargen sich nach der neueren Forschung mehrere Dichter der Tang-Zeit (618–907), vielleicht sogar der Sui-Zeit (581–618).

169, 170 Su Dung-po (1037–1101), Dichter, Prosaist, Kalligraph, Maler, Kunstrichter und Politiker, ist die überragende Persönlichkeit der Sung-Dynastie (960–1279).

170 Der Westsee, bei Hang-dschou, dem chinesischen Paradies, wo der Dichter zeitweise als Stadtoberhaupt und Provinzgouverneur tätig war. Die Verse bilden den Anfang eines längeren Gedichtes und spiegeln den indischen Idealismus wider.

171 Yüan Hung-dao (1568–1610) stand an der Spitze einer Gruppe von Dichtern, die das »Natürliche Ingenium« in der Kunst forderten, entgegen den restaurativen Tendenzen der Ming-Zeit (1368–1644). So läßt Yüan Hung-dao auch dem Humor sein Recht zukommen.

Vers 11: »Die Fee des Heils und ihre schwarze Schwester« sind die indisch-buddhistischen Göttinnen Punyatara und Kālarātri, die stets beieinander bleiben.

175–178 Die »Pläne der Kämpfenden Staaten« (*Dschanguo tsö*) sind vermutlich eine Sammlung von Musterreden für fahrende Politiker. Ihre Datierung ist ungewiß; vielleicht wurde sie im 2. Jahrhundert v. Chr. kompiliert.
Unsere Texte sind aus den »Plänen von Tsi«, Teil 1 und 2.

175 Tsi, der Großstaat im Nordosten des Landes, das nominell noch der Dschou-Dynastie unterstand.

178 Tschu lag im damaligen Süden, heute in Zentral-China. – »Eine Schlange zeichnen und Beine hinzufügen« ist ein geflügeltes Wort geworden, ähnlich unserem »Blinder Eifer schadet nur.«

179 *Liä-dse* (vgl. Anm. zu S. 103–107), Fasz. 2,19.

180 *Liä-dse,* Fasz. 3,10. Dort keine philosophische Schlußfolgerung, die lauten würde, daß Trauer wie Freude letztlich ein Trug sind.

182 *Liä-dse,* Fasz. 8,32.

183 Diese Anekdote, die den Konfuzianismus mit daoistischem Geist durchwirkt, ist in mehreren Quellen überliefert. Wir haben die in *Sün-dse* (vgl. Anm. zu S. 49–59), Kap. 28,1, gewählt.

184–189 *Han Fe-dse,* der 233 v. Chr. von eigener Hand starb, vertrat als Denker jenen Pragmatismus bzw. Legalismus, der es dem ersten Kaiser der Tsin-Dynastie erlaubte, das Reich zu einigen. Han Fe-dse war ein Schüler des Sün-dse. Inwieweit das Werk, das unter seinem Namen geht, authentisch ist, bleibt im ungewisssen.

184–186 stammen aus dem 32. Kapitel.

187 aus Kap. 34. – Das Banner verkündet den Wein.

188 aus Kap. 32. – »Meister Mo« = Mo-dse, eigtl. Mo Di (5./4. Jh. v. Chr.), den wir sonst als den Philosophen der Allgemeinen Menschenliebe kennen. Er war daneben ein begabter Festungsbauer. Nur im *Han Fe-dse* wird uns überlie-

fert, daß Mo Di auch Versuche mit Fluggeräten unternahm, übrigens beinahe gleichzeitig mit Archytas von Tarent und seiner »Fliegenden Taube«.
»Meister Hui« = Hui-dse, ein Sophist, den wir auch aus dem *Dschuang-dse* kennen.

189 aus dem 36. Kapitel.

190 *Lü-schih tschun-tsiu* (vgl. Anm. zu S. 60), Fasz. 14, Abschn. 8. – Der hier genannte Dschang I ist nicht zu verwechseln mit dem berühmten Politiker im 4. Jahrhundert v. Chr. – Dschang I will sich nach außen absichern, Dan Bao nach innen, beide vergeblich. Hier wird die mittlere Stellung sichtbar, die für das *Lü-schih tschun-tsiu* kennzeichnend ist.

192 Fasz. 15, Abschn. 8. – Tschu, im tiefen Süden der damaligen Lehnsgebiete gelegen, war das Land der ›Schwabenstreiche‹. – Der »Große Strom« ist der Yangdse-giang. – Die Anekdote plädiert für jenen antikonfuzianischen Geist, mit dem die Tsin-Dynastie an die Macht kam. – Das Tetranom »Ein Boot kerben und sein Schwert suchen« ist geflügelt worden.

193f. Fasz. 20, Abschn. 5. – Guan Dschung oder Guan I-wu (gest. 645 v. Chr.), seit 685 v. Chr. Kanzler des Herzogs Huan im nordöstlichen Großstaat Tsi. Durch Guan Dschungs Rat und tatkräftige Hilfe gelang es dem Herzog, erster Hegemon im Reichsgebiet zu werden, das nominell noch dem Dschou-König unterstand.
Hier wird Guan Dschung als Vertreter einer mittleren Position vorgestellt: Dem Lebensgenuß und äußeren Ehren durchaus zugetan, weiß er, die Grenzen einzuhalten.

195f. Die »Elegien von Tschu« sind eine Sammlung von 17 Dichtungen aus dem 5. bis 1. Jahrhundert v. Chr., die Wang I 125 n. Chr. gesammelt und kommentiert hat. Die ersten Lieder schrieb er dabei dem Kü Yüan (340?–278 v. Chr.) zu. Dieser, selbst Angehöriger des Königshauses von Tschu, diente dem König Huai. Seine Warnungen vor

dem totalitären Staat Tsin im Westen blieben ungehört, und der lästige Mahner wurde vom Hof verbannt. Er schweifte im Land umher und ertränkte sich am Ende.
Kü Yüan lebt als Prototyp des Menschen fort, der keine Kompromisse mit der Welt eingeht, um die innere Reinheit zu wahren. Der Fischer dagegen vertritt den daoistischen Standpunkt, der eine solche Bemühung um Integrität als unnatürlich verwirft.
Tsang-lang, wörtl. »Blaue Wogen«, ein Flußname.
Unsere ›Elegie‹, mit dem Titel »Der Fischer«, steht an siebter Stelle der Sammlung.

197 Die »Geschichten hervorragender Frauen« (*Liä-nü dschuan*) sind ein Werk des Liu Hiang (77–6 v. Chr.).
Zu Mong-dse siehe unsere Seiten 41–46. Das Tetranom »Mongs Mutter zerschneidet das Gewebe« ist sprichwörtlich geworden.

198 So beginnt die Biographie des Li Sse, der als Kanzler unter dem Ersten Kaiser der Tsin-Dynastie maßgeblich an der Reichseinigung beteiligt war.
Die Biographie findet sich in den »Aufzeichnungen des Großhistoriographen« (*Schih-gi*) des Sse-ma Tsiän (um 145 bis um 85 v. Chr.), Fasz. 87.

200f. aus dem 68. Faszikel der Annalen der Han-Dynastie (206 v. – 8 n. Chr.).

202, 203 Die »Neuen Gespräche der Welt von heute« (*Schih-schuo sin-yü*) wurden von Liu I-king (403–444) gesammelt und herausgegeben. Sie spiegeln den Geist ihrer Zeit, der sich souverän und auch humorvoll über die Konventionen hinwegsetzen konnte.
202 Kap. 23,47. – Wang Hui-dschih (gest. 388 n. Chr.) war Sohn des namhaften Kalligraphen Wang Hi-dschih, auch er ein Feingeist. – Dai Kuë, Literat und Musiker (gest. 395).

203 Kap. 1,36. – »Herr Siä« ist Siä An (320–385), Musterbild des weltüberlegenen Edelmannes. Lange Zeit lebte er zurückgezogen in den Ostbergen der Provinz Dschögiang, bevor er zu hohen Ämtern aufstieg.
Eine Version dieser Anekdote (siehe Mather, S. 18) muß Siä An selbst anstelle des Hofmeisters haben. Das würde die Pointe erhöhen. Übrigens war hier – wie sonst des öfteren auch – die daoistische Weisheit des *laissez-faire* trügerisch-schädlich: die beiden Söhne des Siä An wurden kriminell.

Weisheit im Sprichwort

210 (1) »Eine Daumenbreite Zeit«, gedacht ist an den Schatten auf der Sonnenuhr.

211 (1) Im Tuschebecken des Reibsteins wird der feste Tuscheblock mit Wasser angerieben. Es ist an ein Reisfeld gedacht, das unter Wasser steht.

219 (5) »Ist all dein Warnen nicht genehm ...« stammt aus *Dschuang-dse,* Kap. 18,1.

220 (2) »Mit langen Ärmeln tanzt man prächtig ...«, aus dem *Han Fe-dse,* Kap. 49.

223 (4) Han, das eigentliche China, nach der Han-Dynastie (206 v. – 220 n. Chr.), deren Herrschaft einen Höhepunkt in der Geschichte des Reiches bildet. So nennen die Chinesen sich auch gern »Han-Menschen« oder kurz »Han«, in Abgrenzung von den im Reichsgebiet ansässigen Fremdvölkern.

234 (1) »Wer hineinkam ...«: Dieser Vierzeiler steht – noch unentdeckt – in Han Yü's berühmter Throneingabe gegen die Einholung einer Buddha-Reliquie durch den Kaiser. Vielleicht zitiert Han Yü ein gängiges Wort.

Zu den Bildern

Einband, Vorderseite: Li Tiä-guai, »Li mit der eisernen Krücke«, einer der Acht Unsterblichen des Daoismus. Nach einem Besuch im Jenseits war seine Seele in den Körper eines gerade verstorbenen Bettlers geschlüpft. Seine Linke hält einen Flaschenkürbis mit dem Elixier des ewigen Lebens, dessen Dämpfe dem Gefäß entsteigen.
Einband, Rückseite: Lü Dung-bin, vormals ein Gelehrter der Tang- oder Sung-Zeit, der mit fünfzig Jahren das ewige Leben erlangte. Als einer der Acht Unsterblichen des Daoismus ist er an dem Fliegenwedel des Eremiten kenntlich.
Beide Figuren gehören zum Thron eines Reisepalastes zwischen Peking und der Großen Mauer. Den kaiserlichen Sitz, 1673 fertiggestellt, schmückt eine Darstellung des daoistischen Paradieses mit zahllosen Perlmutteinlagen in Goldgrund. Das in seiner Art einmalige Spitzenwerk des chinesischen Kunsthandwerks befindet sich im Museum für Ostasiatische Kunst, Berlin. Siehe Beatrix von Ragué, *Ein chinesischer Kaiserthron: Die Pfirsiche der Unsterblichkeit*, Berlin 1982 (Bilderhefte der Staatlichen Museen Preußischer Kulturbesitz, Berlin, H. 40/41).

Die Abbildungen im Text entstammen dem *Malhandbuch aus dem Verlag im Senfkorngarten,* von Wang Gai 1697 und 1701 herausgegeben. Die Holzschnitte des dreiteiligen Werkes, das mehr als zwanzig Auflagen erlebte, vermitteln musterhafte Darstellungen nach Gemälden berühmter Meister.

Zur Aussprache

Als Umschrift wurde – mit zwei geringfügigen Ausnahmen – die durch Richard Wilhelm weitverbreitete Transkription gewählt. Sie ist nicht nur für den deutschen Leser bestimmt, sondern behält auch ein paar alte Anlaute bei, die in der modernen Peking-Aussprache verschliffen sind.

h vor *i* und *ü* lautet wie das *ch* in »ich«, sonst wie in »ach«;
s und *ss* sind stimmlos wie in »Wasser«;
j ist dem französischen *j* in »jardin« oder dem englischen *r* in »right« ähnlich;
w wie in engl. »water«;
y wie in »yes«;
ih ist ein kaum hörbares *i*;
dse und *sse* sprechen sich wie ein stimmhaftes *ds* bzw. *ss*;
Doppelvokale wie in *Dschuang* sind nacheinander, aber einsilbig zu sprechen.
Mit der korrekten Schreibung *Dao* wurde das herkömmliche *Tao* ersetzt, da sich *Dao* einzubürgern beginnt.
Das sino-japanische Wort *Zen* spricht sich (D)senn.

In den chinesischen Namen steht der Familienname vorn, der persönliche Name dahinter. Er wird von Fremden aus Gründen der Höflichkeit nicht verwendet, statt dessen redet man den anderen mit seinem »Mannesnamen« an, der mit dem 20. Lebensjahr angenommen wird. Schriftsteller und Künstler werden auch mit ihrem »Pinselnamen« aufgeführt, der wechseln kann und oft das Studio des Betreffenden nennt.

Quellenhinweise

Chinesische Geisteswelt. Hrsg. von Günther Debon und Werner Speiser. Baden-Baden: Holle Verlag, 1957. – Mit Genehmigung des Holle Verlages im Weltbild Verlag GmbH, Augsburg. (S. 41f., 84f.)

Lao-tse: Tao-Tê-King. Das Heilige Buch vom Weg und von der Tugend. Übers., Einl. und Anm. von Günther Debon. Stuttgart: Reclam 1961 [u. ö.]. (Universal-Bibliothek. 6798.) (S. 73–78.)

Günther Debon: Die Schönheit der Schlangenlinie. Ein weiterer Beitrag zum Thema Schiller und der chinesische Geist. Neckargemünd: Verlag im Rosengarten, 1984. (S. 92, 163f., 183.)

Günther Debon: Oscar Wilde und der Taoismus. Oscar Wilde and Taoism. Bern / Frankfurt a. M. / New York / Paris: Lang, 1986. (Euro-Sinica. 2.) (S. 93, 96f.)

Günther Debon: Daoistisches Denken in der deutschen Romantik. Heidelberg: Guderjahn, 1993. (S. 79, 99.)

Herbstlich helles Leuchten überm See. Chinesische Gedichte aus der Tang-Zeit. Übertr. von Günther Debon. München/Zürich: Piper, 1989. (S. 146, 159.)

Li Tai-bo: Gedichte. Eine Auswahl. Übers. und hrsg. von Günther Debon. Stuttgart: Reclam, 1962 [u. ö.]. (Universal-Bibliothek. 8658.) (S. 149.)

Mein Weg verliert sich fern in weißen Wolken. Chinesische Lyrik aus drei Jahrtausenden. Hrsg. und übers. von Günther Debon. Heidelberg: Lambert Schneider, 1988. (S. 165, 170.)

Den genannten Verlagen sei für die freundliche Nachdruck-Erlaubnis gedankt.

Die meisten der übrigen Texte wurden für den vorliegenden Band neu übersetzt.

Bibliographie

Kapitel I

Richard Wilhelm: Kungfutse, Gespräche (Lunyü). Jena: Diederichs, 1910 [u. ö.].

Hans O. H. Stange: Die Weisheit des Konfuzius. Frankfurt a. M.: Insel Verlag, 1964.

Ernst Schwarz: Konfuzius, Gespräche des Meisters Kung (Lun Yü). München: Deutscher Taschenbuch Verlag, 1985.

Ralf Moritz: Konfuzius, Gespräche (Lun-Yu). Leipzig: Reclam, 1982 [u. ö.].

Arthur Waley: The Analects of Confucius. London: George Allen & Unwin, 1938 [u. ö.].

Richard Wilhelm: Li Gi. Das Buch der Sitte des älteren und jüngeren Dai. Jena: Diederichs, 1930 [u. ö.].

Richard Wilhelm: Mong Dsï (Mong Ko). Jena: Diederichs, 1916 [u. ö.].

John Knoblock: Hsün-tzu, Works, English. Stanford: Stanford University Press, 1988.

Hermann Köster: Hsün-tzu. Kaldenkirchen: Steyler Verlag, 1967.

Richard Wilhelm: Frühling und Herbst des Lü Bu We. Jena: Diederichs, 1928 [u. ö.].

Richard Wilhelm: Kungfutse, Schulgespräche (Gia Yü). Düsseldorf/Köln: Diederichs, 1961.

Kapitel II

Richard Wilhelm: Laotse, Tao Te King. Das Buch des Alten vom Sinn und Leben. Jena: Diederichs, 1921 [u. ö.].

Günther Debon: Lao-tse, Tao-Tê-King. Das Heilige Buch

vom Weg und von der Tugend. Stuttgart: Reclam, 1961 [u. ö.].
Richard Wilhelm: Dschuang Dsï. Das wahre Buch vom südlichen Blütenland. Nan Hua Dschen Ging. Jena: Diederichs, 1920 [u. ö.].
Burton Watson: The Complete Works of Chuang Tzu. New York / London: Columbia University Press, 1968.
A. C. Graham: *Chuang-tzŭ.* The Seven Inner Chapters and other writings from the book *Chuang-tzŭ.* London: George Allen & Unwin, 1981.
Richard Wilhelm: Liä Dsï. Das wahre Buch vom quellenden Urgrund. Tschung Hü Dschen Ging. Die Lehren der Philosophen Liä Yü Kou und Yang Dschu. Jena: Diederichs, 1911 [u. ö.].
Donald Holzman: La vie et la pensée de Hi K'ang (223–262 ap. J.-C.). Leiden: E. J. Brill, 1957.

Kapitel III

Heinrich Dumoulin: Mumonkan. Die Schranke ohne Tor. Meister Wu-men's Sammlung der achtundvierzig Kōan. Mainz: Grünewald, 1975.
Walter Liebenthal: Wu-men Hui-k'ai, Ch'an-tsung Wu-men kuan. Zutritt nur durch die Wand. Heidelberg: Lambert Schneider, 1977.
R. H. Blyth: Zen and Zen Classics, Volume Four. Mumonkan. Tokyo: The Hokuseido Press, 1966 [u. ö.].

Kapitel V

James Irving Crump Jr.: Chan-Kuo Ts'e. Oxford: Clarendon Press, 1970.
W. K. Liao: The Complete Works of Han Fei Tzŭ. A Clas-

sic of Chinese Political Science. 2 Bde. London: Probsthain, 1959.
Richard B. Mather: Shih-shuo Hsin-yü. A New Account of Tales of the World by Liu I-ch'ing. Minneapolis: University of Minnesota Press, 1976.

Kapitel VI

Rev. W. Scarborough / Rev. C. Wilfrid Allan: A Collection of Chinese Proverbs. Shanghai: The Presbyterian Mission Press, 1926. 2nd Ed. New York: Paragon Book, 1964.